رمضان کی عبادتیں

(مضامین)

مرتب:
مکرم نیاز

© Taemeer Publications LLC

Ramadan ki IbaadateiN *(Essays)*

by: Mukarram Niyaz

Edition: March '2025

Publisher :

Taemeer Publications LLC (Michigan, USA / Hyderabad, India)

ISBN 978-93-5872-597-1

9 789358 725971

مرتب یا ناشر کی پیشگی اجازت کے بغیر اس کتاب کا کوئی بھی حصہ کسی بھی شکل میں بشمول ویب سائٹ پر اَپ لوڈنگ کے لیے استعمال نہ کیا جائے۔ نیز اس کتاب پر کسی بھی قسم کے تنازع کو نمٹانے کا اختیار صرف حیدرآباد (تلنگانہ) کی عدلیہ کو ہوگا۔

©تعمیر پبلی کیشنز

کتاب	:	**رمضان کی عبادتیں** (مضامین)
مرتب	:	**مکرم نیاز**
صنف	:	مذہب
ناشر	:	تعمیر پبلی کیشنز (حیدرآباد، انڈیا)
سالِ اشاعت	:	۲۰۲۵ء
صفحات	:	۸۸
سرورق ڈیزائن	:	تعمیر ویب ڈیزائن

فہرست

(۱)	عبادت ہو مگر اخلاص کے ساتھ	تنظیم عالم قاسمی	7
(۲)	روزے کی فضیلت اور اس کا مقصد	مبشر احمد ربانی	12
(۳)	روزے کے ذریعے اپنے اخلاق و معاملات کو سنواریں	اسرار الحق قاسمی	16
(۴)	رمضان-عبادات کی یکسوئی کا مہینہ	محب اللہ قاسمی	22
(۵)	روزے کے تقاضے اور اتباع سنت	جسٹس تقی عثمانی	31
(۶)	روزہ اور اس کی حکمتیں	محمد بن صالح العثیمین	37
(۷)	روزہ اور ضبط نفس	ابو الاعلیٰ مودودی	45
(۸)	سحری اور افطار کے مسائل	کفایت اللہ سنابلی	51
(۹)	صدقہ فطر-ایک پسندیدہ عمل	عبد المعید ازہری	60
(۱۰)	اعتکاف کی فضیلت	-	64
(۱۱)	زکوۃ اور اس کے فائدے	حافظ ابو الفیض خلیلی	69
(۱۲)	تراویح-قرب الٰہی کا ذریعہ	قمر الدین شاہ قادری	76
(۱۳)	لیلۃ القدر-نزول رحمت کی رات	علامہ تبسم بشیر اویسی	80

ابتدائیہ

راقم الحروف نے ۱۵؍دسمبر ۲۰۱۲ء کو 'تعمیر نیوز' کا آغاز بطور نیوز پورٹل کیا تھا جسے جنوری ۲۰۱۸ء سے ایک علمی، ادبی، سماجی اور ثقافتی پورٹل میں تبدیل کیا گیا۔ تبدیلی کی بنیادی فکر یہی رہی کہ اردو داں قارئین کے ذوقِ مطالعہ میں اضافہ کی خاطر انہیں صرف خبروں تک محدود رکھنے کے بجائے اردو زبان و ادب کے اس علمی ذخیرے سے مستفید کیا جائے جس کی سائبر دنیا میں آج بھی کمی محسوس کی جاتی ہے۔ ایک دہائی سے زائد طویل سفر کے دوران 'تعمیر نیوز' نے علمی و ادبی مواد کے انتخاب اور معیار کی بر قراری کے لیے اپنا فریضہ نبھانے میں کوئی کوتاہی نہیں برتی ہے۔

علمِ نافع کی اشاعت کی خاطر سائبر دنیا کے متعدد علمی، ادبی و ثقافتی ویب پورٹلس پر مذہبی و اصلاحی مضامین کی شمولیت کو بھی مناسب اہمیت اور جگہ دی گئی ہے۔ تعمیر نیوز نے اسی روایت کی پاسداری کرتے ہوئے کسی خاص مکتب فکر کو ترجیح دینے کے بجائے معلوماتی و مفید مذہبی و اصلاحی مضامین و مقالات کو شائع کرنے کا اہتمام کر رکھا ہے۔ ماہِ مقدس رمضان کے موضوع پر شائع شدہ انہی مضامین کا ایک انتخاب زیرِ نظر کتاب "رمضان کی عبادتیں" کی شکل میں پیش خدمت ہے۔ امید ہے کہ اس کاوش کا علمی، ادبی و مذہبی حلقوں میں استقبال کیا جائے گا۔

مکرم نیاز

یکم؍رمضان ۱۴۴۶ھ : ۲؍مارچ ۲۰۲۵ء
حیدرآباد (تلنگانہ، انڈیا)

عبادت ہو مگر اخلاص کے ساتھ

مفتی تنظیم عالم قاسمی

خواہ نماز ہو یا روزہ، زکوۃ ہو یا حج، تلاوت قرآن ہو یا تسبیح و تہلیل ان سب میں اپنے رب کے آگے جھکنے کا معنی و مفہوم پایا جاتا ہے، انسان اور رب میں جتنا شدید تعلق ہو گا اتنا ہی اس جھکنے میں لذت محسوس ہو گی اور وہ سارے مصائب کو برداشت کر کے بھی قلبی مسرت محسوس کرے گا، عبدات کی مقدار زیادہ ہو، لیکن حضوری کی یہ کیفیت طاری نہ ہو تو ظاہر کی کثرت کے باوجود عبادت بے اثر اور بے فیض ہو گی، لیکن کوئی بندہ اپنے رب میں اتنا محو ہو جائے کہ اس کی عظمت و جلال کو گویا اپنی آنکھوں سے دیکھ رہا ہو، خدا کی یاد اور اس کے تصور میں اتنا گم ہو جائے کہ وہ اپنے آپ کو اس کے قریب محسوس کرنے لگے، اس کیفیت کے ساتھ جو عبادت انجام دی جاتی ہے، وہ مقدار میں اگرچہ کم ہو تاہم معنوی قوت اور فیضان کے اعتبار سے وہ غیر معمولی ثابت ہوتی ہے، اسی لئے کہا جاتا ہے کہ کبھی کبھی دو سجدے بھی انسان کی زندگی میں انقلاب پیدا کر دیتے ہیں، بندہ اپنے رب کو راضی کرنے کیلئے جب دو رکعت نماز ادا کرتا ہے، اس کی حمد و ثناء بیان کرتا ہے، ندامت کے آنسو بہاتا ہے تو خدا کی رحمت جوش میں آتی ہے اور حضوری کی اس کیفیت کے سبب اس کی زندگی کے سارے گناہوں کو معاف کر دیتا ہے، اس کے برعکس بے

توجہی سے جو نماز ادا کی جاتی ہے در حقیقت وہ ایک محض رسم ہے، جس کے پورا کرنے کے بعد ذمہ سے نماز تو ساقط ہو جاتی ہے مگر وہ نماز بے فیض اور بے اثر رہتی ہے، اس طرح ہزاروں سجدے بھی ادا کر لئے جائیں زندگی میں ان سے کوئی بہتر انقلاب برپا نہیں ہو سکتا۔

عبادت کا یہ وصف صرف نماز کی حد تک ہی نہیں، بلکہ عبادت اور بندگی کے عنوان سے جو بھی عمل کیا جائے، تمام میں مطلوب ہے، اسی کی تقویٰ ہی مطلوب و مقصود ہے اور ساری عبادتیں تقویٰ پیدا کرنے کیلئے کی جاتی ہیں، جیسے روزہ ایک اہم ترین فریضہ ہے، اس کو فرض کرنے کا مقصد قرآن نے تقویٰ بیان کیا ہے: مفہوم:

"اے لوگو! جو ایمان لائے ہو تم پر روزے فرض کر دیئے گئے جس طرح تم سے پہلے انبیاء کے پیروؤں پر فرض کئے گئے تھے، اس سے توقع ہے کہ تم میں تقویٰ کی صفت پیدا ہو گی"۔

روزہ کے حال میں ایک شخص صرف اللہ کے خوف سے بھوک و پیاس برداشت کرتا ہے، رمضان کے مہینے میں خدا کے استحضار کی کیفیت اتنی شدید ہو جاتی ہے کہ پیاس سے زبان خشک ہو رہی ہے بھوک کا شدت سے احساس ہے، وہ تڑپ رہا ہوتا ہے، مگر دل گوارا نہیں کرتا کہ تنہائی میں پانی کا ایک قطرہ حلق سے اتار لے، یہاں کون سی ایسی طاقت ہے جو اسے بند کرے میں بھی کھانے پینے سے روک رہی ہے، وہ تنہائی میں کچھ کھا پی لے تو کوئی شخص اسے دیکھنے والا نہ ہو گا مگر اپنے رب کی یاد میں وہ سارے جتن برداشت کرتا ہے اور وہ یقین کرتا ہے کہ میرے کھانے پینے کا اگرچہ کوئی نہیں دیکھ رہا ہے، مگر میرا رب دیکھ رہا ہے، اس سے کوئی شئ مخفی نہیں ہے، اس کے ڈر و خوف سے ایک ایک مہینہ بھوکا پیاسا گزارا جاتا ہے، اس کا مقصد تقویٰ یعنی خوف خدا کا مزاج پیدا کرنا ہے اور ایک

مسلمانوں کیلئے یہی سرمایہ حیات ہے، یہ تقویٰ جتنا زیادہ ہوگا اسی قدر اصول اسلام کی اتباع آسان ہوگی، اس کی زندگی شریعت اسلامی کے محور پر گردش کرے گی، معاملات کاروبار، اخلاق و زبان اور دوسرے شعبہ حیات میں رب کا گہرا تصور رہنے سے اسے ٹھیک طرح انجام دے گا اور جب کسی کو گرفت کا احساس نہ ہو اور وہ اپنے آپ کو آزاد سمجھے تو ظاہر ہے کہ اس کے عمل میں روحانیت پیدا نہیں ہوگی، وہ اپنی طبعیت اور نفس کی اتباع کرتے ہوئے زندگی گزارے گا، اس لئے یہ حکم دیا گیا ہے کہ اللہ کی بندگی کی جائے، مگر اس طرح کہ گویا وہ ہماری آنکھوں کے سامنے ہے، اور ہم اس کے سامنے ہیں اور ہم کو وہ دیکھ رہا ہے، ہماری نقل و حرکت سے وہ اچھی طرح واقف ہے۔

نماز جو اہم ترین عبادت ہے، اس کیلئے بطور خاص یہ تاکید کی گئی ہے:۔

"اللہ کے آگے اس طرح کھڑے ہو جیسے فرماں بردار غلام کھڑے ہوتے ہیں"۔

(البقرۃ:۲۳۸)

اس سے مراد خشوع اور خضوع ہے، یعنی دل و دماغ اللہ کی ذات میں محو ہوں اور تمام اعضاء پر سکوت طاری ہو، گویا دل و دماغ کے ساتھ یہ اعضاء بھی خدا کو سجدہ ریز ہیں اور زبان حال سے خدا کی عظمت کا اعتراف و اقرار کر رہے ہیں، اس کیفیت سے جو نماز ادا کی جاتی ہے وہ پُر تاثیر اور روح کو بالیدگی بخشنے والی ہوتی ہے۔ ایسی ہی نماز انسان کو برائی، بے حیائی اور بُرے کاموں سے محفوظ رکھتی ہے، ایک دن اور رات میں پانچ وقت اگر اس طرح مکمل استحضار کے ساتھ نماز ادا کی جائے تو کوئی وجہ نہیں کہ قلب و ذہن پاک و صاف نہ ہوں اور ان کے وجود پر خدا کا خوف طاری نہ ہو، لیکن یہ آج ہمارا اور آپ کا مشاہدہ ہے کہ بعض مسلمان نماز کے پابند ہوتے ہیں، مگر پھر بھی ان کے معاملات صاف نہیں، ان کی زبان بہتر نہیں، ان کے اخلاق اچھے نہیں، برائی اور بے حیائیوں سے کوئی

نفرت نہیں پائی جاتی، حالانکہ نماز کا یہ لازمی اثر ہونا چاہئے کہ ان کے دل کی اندرونی کیفیت تبدیل ہو جائے۔

نماز اور دیگر عبادات کے انقلاب آفرین نتائج حاصل اس لئے نہیں ہو رہے ہیں کہ ان کو اخلاص و للّٰہیت، مطلوب استحضار اور خدا کی ذات میں محو ہو کر ادا نہیں کیا جاتا، محض ایک رسم کے طور پر ادا کر لیا جائے، نماز مسجد میں ادا کرتے ہیں اور ہماری توجہ ساری دنیا میں گردش کر رہی ہوتی ہے، یہی وجہ ہے کہ ساری زندگی نماز پڑھنے کے باوجود زندگی پر سچے مسلمان ہونے کا کوئی اثر ظاہر نہیں ہوتا، اس کی زبان، اخلاق و کردار، چال اور روش میں کوئی تبدیلی نہیں آتی، بازاروں میں معاملات کرتے ہوئے دیکھیں تو مسلم اور غیر مسلم کے کاروبار میں کوئی فرق محسوس نہیں ہوگا، سود، رشوت، جھوٹ، دھوکہ دہی، دغابازی، وعدہ خلافی یہ قابل نفرت چیزیں اب مسلمانوں کا شعار ہیں۔

مختلف صحابہ کرامؓ کے فنافی اللہ کے واقعات صحیح سند کے ساتھ کتابوں میں مذکور ہیں، ان کے پائے استقامت، قومت ایمانی اور جذبہ عمل کو دیکھ کر حیرت ہوتی ہے، اگر تاریخی تسلسل نہ ہوتا تو ان کا یقین بھی دشوار ہو جاتا، رسول اکرمؐ نے ایسے اسلامی سپاہیوں کا یقین بھی دشوار ہو جاتا، رسول اکرمؐ نے ایسے اسلامی سپاہیوں کو تیار کیا جو رات میں کھڑے ہو کر اللہ کا یاد کرتے اور دن میں نظام حق کے قیام اور اقامت دین کی کوشش کرتے، وہ مضبوط ایمان کے ساتھ چلتے رہے، مخالفتوں کے طوفان گذرے، اغیار اور دشمنوں کے چلینجوں کا مقابلہ کیا، بالآخر اسلام کا نظام جاری ہوا، امن و انصاف کا دور آیا، اسلامی عدالت قائم ہوئی اور روئے زمین پر اللہ کا قانون جاری ہوا، اس کے صلے میں اللہ تعالیٰ نے ان کلئے دنیا ہی میں مغفرت کا اعلان کر دیا۔ ہمیں سوچنا چاہئے کہ کیا ہم نے بھی کوئی اس طرح کا عمل کیا ہے، ہماری عبادت اور بندگی میں روحانیت پائی جاتی ہے یا نہیں؟

آج ہی اس کے لئے تیار ہو جایئے اور اپنے قلب و ذہن کو عبودیت و بندگی میں اس طرح محو کیجئے کہ اس کی تاثیر زندگی کے ہر گوشے میں دکھائی دینے لگے۔

٭ ٭ ٭

روزے کی فضیلت اور اس کا مقصد

مبشر احمد ربانی

روزہ اسلام کی ایسی اہم عبادت ہے جسے اسلام کی بنیاد قرار دیا گیا ہے۔

روزہ اپنے اندر ایک عجیب خصوصیت رکھتا ہے کہ یہ ریاکاری اور دکھلاوے سے کوسوں دور اور چشم اغیار سے پوشیدہ، سراپا اخلاص اور عابد و معبود، ساجد و مسجود کے درمیان ایک راز ہے۔ اس کا علم روزہ دار اور حق تعالیٰ کے علاوہ کسی دوسرے کو نہیں ہوتا۔ جیسے دیگر عبادات نماز، حج، جہاد وغیرہ کی ایک ظاہری ہیئت و صورت ہوتی ہے روزے کی اس طرح کوئی ظاہری شکل و صورت موجود نہیں جس کی وجہ سے کوئی دیکھنے والا اس کا ادراک کر سکے۔

جیسے روزہ رازق و مرزوق اور مالک و مملوک کے درمیان ایک سر و راز ہے اسی طرح اس کے ثواب و بدلہ کا بھی عجیب معاملہ ہے۔ اللہ تعالیٰ روزے کا بدلہ اور ثواب جب عطا کرے گا تو فرشتوں کو ایک طرف کر دے گا اور اس کا اجر و ثواب خود عطا کرے گا۔

سیدنا ابوہریرہ رضی اللہ عنہ ارشاد نبوی نقل فرماتے ہیں:

کل عمل ابن آدم یضاعف الحسنۃ عشر أمثالھا إلی سبعمائۃ ضعف، قال اللہ عزوجل

إلا الصوم فإنه لي، وأنا أجزي به، يدع شهوته وطعامه من أجلي

" آدم کے بیٹے کے تمام اعمال بڑھا دیئے جائیں گے۔ ایک نیکی دس گنا سے سات سو گنا تک بڑھا دی جائے گی۔ اللہ تعالیٰ فرمائے گا روزہ چونکہ صرف میرے لئے ہی رکھا گیا ہے میں ہی اس کی جزا عطا کروں گا۔ (دنیا میں) روزہ دار نے اپنی خواہش اور کھانا میری خاطر ترک کیا تھا۔"

صحیح مسلم » کتاب الصيام » باب فضل الصيام

اسی طرح اللہ تعالیٰ نے روزہ دار کیلئے جنت میں ایک خاص دروازہ بنا دیا ہے جس کا نام (باب الریان) ہے۔

ارشاد نبویؐ ہے:

في الجنة ثمانية أبواب فيها باب يسمى الريان لا يدخله إلا الصائمون

"جنت میں آٹھ دروازے ہیں ان میں سے ایک دروازے کا نام "الریان" ہے۔ اس سے روزہ داروں کے علاوہ کوئی داخل نہیں ہو گا"۔

صحيح البخاري » كتاب بدء الخلق » باب صفة أبواب الجنة

ایک اور ارشاد نبویؐ ہے:

إذا دخل شهر رمضان ، فتحت أبواب السماء ، وغلقت أبواب جهنم ، وسلسلت الشياطين

" جب رمضان المبارک کا مہینہ (مومنوں پر) داخل ہوتا ہے تو آسمان کے دروازے (اور ایک روایت میں ہے کہ جنت کے دروازے) کھول دیئے جاتے ہیں اور جہنم کے دروازے بند کر دیئے جاتے ہیں اور شیاطین کو جکڑ دیا جاتا ہے۔"

صحيح البخاري » كتاب الصوم » باب: هل يقال رمضان أو شهر رمضان

مذکورہ بالا احادیث صحیحہ صریحہ سے معلوم ہوا کہ روزہ دار کیلئے جنت کے دروازے للہ تبارک و تعالیٰ کھول دیتا ہے اور ان کیلئے جنت میں ایک خصوصی دروازہ بھی ہے جسے "باب الریان" کہتے ہیں۔

للہ کی وسیع جنت کا حصول عقائدِ صحیحہ اور اعمال صالحہ سے ہی ہوتا ہے لیکن بعض لوگ ایسے بھی اسی کائنات میں موجود ہیں جو صحیح عقیدے سے محروم اور اعمال بد کے دلدادہ ہیں۔۔۔ افیون و چرس اور ہیروئن کے رسیا، بدکاری اور شراب نوشی سے مخمور و دلدادہ، حلال و حرام کی پابندیوں سے آزاد، عفت و عصمت کی چادر کو تار تار کرنے والے، حیاو غیرت کا جنازہ نکال دینے والے اور پلید و گندی زبانوں سے دمادم مست قلندر علی دا پہلا نمبر، نہ نیتی نہ قضا کیتی جیسے نعرے لگانے والوں نے اپنی نجات کیلئے قرآن و حدیث کی تعلیمات کے برعکس معیار و ذرائع اپنار کھے ہیں۔

للہ کی جنت ایسی ہے جو ان خرافات سے مبرا ہے اور وہ اہل توحید، مومنین و مجاہدین اور للہ کے نیک و صالح بندوں کیلئے بنائی گئی ہے، جو عقائد و اعمال کے اعتبار سے نفیس ترین لوگ ہیں اور فرائض کی پابندی کرنے والے اور نوافل و تطوع کو خوش دلی اور رغبت و اشتہا اور ذوق و شوق سے سرانجام دینے والے ہیں۔

للہ وحدہ، لاشریک نے فرضیت روزہ والی آیت کریمہ میں اس کا مقصد تقویٰ و پرہیز گاری، خوف باری تعالیٰ اور للّٰہیت کا حصول بتایا ہے۔

روزہ انسان کو ایسی قوت برداشت سکھاتا ہے جس کی بنا پر انسان اپنے نفس پر کنٹرول کر سکتا ہے اور روزہ رکھنے سے انسان کے اندر ایسا ملکہ پیدا ہوتا ہے جس کے باعث آدمی اپنے آپ کو تمام اعمال سیہ، اخلاق رذیلہ اور عادات شنیعہ سے محفوظ رکھ سکتا ہے۔ اس کے لیل و نہار رسومات قبیحہ سے مبرا اور صاف و شفاف ہو جاتے ہیں۔ شب و روز ذکر

باری تعالیٰ، تقویٰ و پرہیز گاری، حلاوت ایمانی، انابت الی اللہ، زہد و تقویٰ، رکوع و سجود، تسبیح و تہلیل، خشوع و خضوع، صبر و تحمل، بردباری، سنجیدگی و متانت جیسی صفات عالیہ میں مصروف عمل دکھائی دیتا ہے۔

روزہ انسان کو ایسی عظیم خوبی سے ہمکنار کرتا ہے جس کی وجہ سے یہ محرمات سے اجتناب کر سکتا ہے اور دورانِ روزہ جو اشیاء للہ تعالیٰ نے حرام قرار دی ہیں ان سے بچ کر یہ سبق سیکھ لیتا ہے کہ اگر میرے لئے وقتی طور پر حرام اشیاء سے پرہیز کرنا آسان ہے تو مستقل اور ابدی حرام چیزوں سے بچنا کوئی مشکل نہیں۔

***

روزے کے ذریعے اپنے اخلاق و معاملات کو سنواریں

اسرار الحق قاسمی

موجودہ زمانہ کا ایک مسئلہ یہ ہے کہ اس میں عوام الناس اخلاقیات و روحانیت کے اعتبار سے کمزور ہوتے جارہے ہیں۔ یہ الگ بات ہے کہ گذشتہ ادوار کے مقابلے میں آج تعلیم کی شرح فیصد زیادہ ہے اعلیٰ تعلیم یافتہ افراد کی بھی خاصی بڑی تعداد ہے، لیکن اس کے باوجود فی زمانہ جس بڑے پیمانہ پر بد اخلاقی پر مبنی واقعات سامنے آرہے ہیں، وہ حیرت زدہ کر دینے والے ہیں۔ معاملات کا عالم یہ ہے کہ بہت سے لوگ لین دین، کاروبار وغیرہ میں صفائی نہیں رکھتے۔ وعدہ خلافی، عہد شکنی اور کذب گوئی تو ایک عام بات بن کر رہ گئی ہے، جس کی وجہ سے خلق خدا کے سامنے بہت سے مسائل کھڑے ہوگئے ہیں۔ انسانی ہمدردی، بھائی چارگی بھی موجودہ زمانہ میں عنقا سی ہوگئی ہے۔ جو لوگ امیر ہیں، وہ غریبوں کی طرف کم توجہ دیتے ہیں، جو اہل مرتبہ ہیں، ان میں سے زیادہ تر اپنے عیش میں مگن رہتے ہیں وہ پریشان حال لوگوں کی طرف متوجہ نہیں ہونا چاہتے۔ بد اخلاقی اور روحانیت سے دوری صرف غیر مسلم اقوام میں ہی نہیں پائی جاتی، بلکہ اب یہ مسلمانوں کے درمیان

بھی خوب دیکھنے کو ملتی ہے۔ جب کہ اسلام میں بداخلاقی کو پسند نہیں کیا گیا ہے اور معاملات کی صفائی پر حد درجہ توجہ دلائی گئی ہے۔ ہمیشہ سچ بولنے کی تاکید کی گئی ہے، وعدہ اور عہد کو نبھانے کی تلقین کی گئی ہے۔ دوسروں کے ساتھ ہمدردی و بھائی چارگی کا درس دیا گیا ہے۔ اس کے باوجود بھی اگر مسلمانوں میں یہ برائیاں پائی جائیں تو یہ نہایت افسوس کی بات ہے۔ مسلمانوں کو چاہئے کہ وہ اپنے درمیان سے برائیوں کا سدباب کرنے کی بھرپور جدوجہد کریں۔

یہ رمضان المبارک کا مہینہ چل رہا ہے۔ اس مہینہ میں خود کو روزہ، نماز، تلاوت اور تسبیحات سے جوڑ کر وہ اپنی عادات کو درست کر سکتے ہیں۔ بہت سے لوگ بیڑی سگریٹ پینے کے عادی ہوتے ہیں۔ وہ رمضان کے ذریعہ اپنی اس لت سے بآسانی چھٹکارہ پاسکتے ہیں۔ چونکہ رمضان میں دنوں میں روزے رکھنے ہوتے ہیں اور افطار کے بعد نماز، مغرب پھر عشاء وتراویح کی نماز ادا کی جاتی ہے، اس کے بعد چند گھنٹے سو کر سحری کھائی جاتی ہے، گویا کہ بیڑی سگریٹ جیسی عادتوں کیلئے وقت ہی نہیں ملتا۔ جو لوگ اس درمیان بھی بیڑی سگریٹ، تمباکو وغیرہ کے لئے وقت نکالتے ہیں، اگر وہ چاہیں تو اسے نظر انداز کر سکتے ہیں اور پورے مہینے، ان عادتوں سے دور رہ کر رمضان کے بعد ان عادتوں کو چھوڑ سکتے ہیں۔ کئی لوگوں کو گالی گلوج کی عادت ہوتی ہے، مگر چونکہ رمضان المبارک میں گالی نہ بکنے کا اہتمام ہوتا ہے لہٰذا رمضان کے بعد بھی وہ گالی گلوج کو کلی طور پر چھوڑ سکتے ہیں۔ بعض لوگوں کو جھوٹ بولنے کی عادت ہوتی ہے۔ اس لئے ایسے لوگ نہ صرف اپنے فائدے یا مقصد کے حصول کیلئے جھوٹ بولتے ہیں، بلکہ بے فائدہ اور بے وجہ بھی جھوٹ بکتے ہیں۔ رمضان کے مہینے میں یقیناً وہ اپنی اس غلط عادت پر قابو پاسکتے ہیں۔ کئی لوگ ایسے بھی ہوتے ہیں، جنہیں فلمیں دیکھنے کا شوق ہوتا ہے، بعض ٹی وی پر دیکھتے ہیں اور بعض سینما

گھروں میں۔ لیکن ان میں سے بڑی تعداد ایسے لوگوں کی ہوتی ہے جو رمضان میں فلمیں دیکھنے کیلئے سینما گھروں میں نہیں جاتے ہیں اور گھروں پر ٹی وی کو بند کر کے رکھ دیتے ہیں، یعنی وہ اس پورے مہینے میں ٹی وی وغیرہ سے ناطہ توڑے رکھتے ہیں۔ اگر وہ اس عمل کو رمضان کے بعد بھی جاری رکھیں تو ان کی فلمیں اور ٹی وی دیکھنے کی عادت چھوٹ جائے گی۔ یوں وہ بہت سے گناہوں سے بچ جائیں گے۔

روزے میں انسان للہ کے لئے کھانے پینے اور جماع کرنے سے رک جاتا ہے، یعنی وہ للہ کیلئے اس چیز سے رک جاتا ہے جو اس کیلئے بنیادی حیثیت کی حامل ہے اور جس سے رکنا آسان بات نہیں ہے، چنانچہ جب انسان اتنی بنیادی چیزوں سے اپنے آپ کو روک لیتا ہے تو بد اخلاقی، بدعنوانی اور کذب گوئی جیسی چیزوں سے تو اور آسانی سے رک سکتا ہے۔ اگر مسلمان روزے کے تقاضوں کو پورا کریں تو وہ گناہوں، برائیوں اور بد اخلاقی کو بآسانی خیر باد کہہ سکتے ہیں۔ روزہ کے آخروی و دنیوی بے شمار فوائد ہیں، اسی لئے روزہ کو اسلام میں بڑی اہمیت دی گئی ہے۔ اس کا اندازہ اس بات سے لگایا جا سکتا ہے کہ نماز، زکوۃ اور حج کی طرح روزے کو بھی بنیادی رکن ہونے کا شرف حاصل ہے، کیونکہ روزے کے بغیر نہ عبادت کا نظام مکمل ہوتا ہے اور نہ ہی اس کے بغیر پورے طور پر اخلاقی اور جسمانی اصلاح ممکن ہے۔ تزکیہ نفس کیلئے روزہ کو انتہاء مؤثر بتایا گیا ہے، جس پر تقویٰ کی بنیاد ہے۔ اسی لئے للہ تعالیٰ کو روزہ بے حد پسند ہے، جو شخص للہ کیلئے روزہ رکھتا ہے للہ تعالیٰ اسے اجر عظیم سے نوازتا ہے، اس کا بدلہ اپنے ہاتھ سے عطا کرتا ہے اور اس سے جہنم کی آگ کو دور کر دیتا ہے۔ حضور صلی للہ علیہ وسلم نے فرمایا:

"جو شخص ایک دن للہ کے راستے میں روزہ رکھتا ہے تو للہ تعالیٰ اس ایک دن کے بدلے، اس کے چہرے کو آگ سے ستر سال کی مسافت تک دور کر دیتا ہے"۔

(بخاری و مسلم)

روزہ کے اہم ترین مقاصد میں "تقویٰ" خاص اہمیت کا حامل ہے۔ کیونکہ تقویٰ للہ کو بے حد پسند ہے، تقویٰ سے مراد یہ ہے کہ بندہ ہر وقت للہ سے ڈرے، ہر غلط کام سے بچے، اپنی نفسانی و ہیجانی خواہشات کو قابو میں رکھے، ہر حالت میں صابر و شاکر رہے، رضائے الہٰی کی جستجو میں لگا رہے اور خشوع و خضوع کے ساتھ ہمہ وقت عبادت و ریاضت میں مشغول رہے۔ روزہ چونکہ ان تمام چیزوں کو جامع ہے، اس لئے اس سے بآسانی یہ مقصد حاصل کیا جاسکتا ہے۔ روزہ رکھنے کے بعد انسان میں کئی طرح کی صلاحیتیں اجاگر ہوتی ہیں۔ ایک یہ کہ روزہ دار اپنے آپ کو اس بات کا اہل بنالیتا ہے کہ وہ اپنی تمام تر خواہشات پر کنٹرول کر سکے۔ اگر اس کا جی چاہے تو وہ نہ کھائے، اگر پینے کو چاہے تو نہ پئے، اگر مجامعت کو چاہے تو وہ بھی نہ کرے۔ یہ تینوں چیزیں انسان کی بنیادی و نفسانی خواہشات کی مرکز ہیں۔ ان پر کنٹرول کرلینا ہر چیز پر کنٹرول کرنے کے برابر ہے۔ روزہ کے علاوہ ان اشیا پر قابو کرنا مشکل ہے۔ کیونکہ عام طور سے دیکھا گیا ہے کہ جب لوگوں کو بھوک لگتی ہے تو وہ کسی نہ کسی طرح کھانے کا انتظام کرلیتے ہیں، پیاس لگتی ہے تو وہ تڑپ جاتے ہیں اور کسی بھی طرح اس کا بندوبست کرکے سیرابی حاصل کرلیتے ہیں۔ بیوی سے جامعت کو جی چاہتا ہے تو اس پر قابو بھی دشوار ہو جاتا ہے لیکن روزہ رکھ کر حکم خداوندی کی تکمیل کے سبب کوئی شخص ان تینوں چیزوں کے قریب نہیں جاتا، یعنی روزے کے ذریعہ ہی ان پر کنٹرول کیا جاسکتا ہے۔

حیرت کی بات ہے کہ ایسے بہت سے روزے دار ہر جگہ دیکھنے کو ملتے ہیں، جو روزے کی حالت میں سوائے کھانے، پینے اور مجامعت سے رکنے کے علاوہ کسی اور چیز سے نہیں رکتے۔ جھوٹ بھی بولتے ہیں وعدہ خلافی بھی کرتے ہیں لہو لعب میں بھی مشغول

رہے ہیں، بے حیائی و فحاشی سے بھی دامن نہیں بچاتے، بدکلامی اور گالی گلوج تک پر اتر آتے ہیں، ذکر و اذکار یمں بھی دلچسپی نہیں لیتے۔ دراصل ایسے روزے دار روزہ تو رکھتے ہیں مگر اس کے مقصد کو نہیں سمجھتے۔ شاید انہیں اس بات کا بھی احساس نہیں ہوتا کہ وہ اس طرح اجر عظیم سے محروم ہو جاتے ہیں۔ یاد رہنا چاہئے کہ اگر کوئی شخص روزہ دار ہو کر بھی تقویٰ کی طرف نہ آیا، فحش گوئی کرتا رہا، جھوٹ بولتا رہا اور برے کاموں میں مشغول رہا تو پھر روزہ کا مقصد حاصل نہ ہو سکے گا۔ اس لئے کہ اس حالت میں روزہ سے وہ سب کچھ نہیں حاصل ہونے والا، جو اسے حاصل ہونا چاہئے۔

ایسے روزے کے متعلق رسول للہ صلی للہ علیہ وسلم نے ارشاد فرمایا:

"جس شخص نے جھوٹ بولنا اور جھوٹ پر عمل کرنا نہ چھوڑا تو للہ کو اس سے کیا سروکار کہ وہ بھوکا اور پیاسا رہا"

(بخاری شریف)

رسول للہ ﷺ نے روزے دار کو تقویٰ اختیار کرنے کی ہدایت کی ہے۔ آپ نے فرمایا:

"روزہ ڈھال ہے اور تم میں سے جب کوئی کسی دن روزے سے ہو تو اسے چاہئے کہ زبان فحش اور گندی باتوں سے آلودہ نہ کرے، شور برپا نہ کرے، اگر کوئی اس سے گالی گلوج پر اتر آئے یا لڑائی کیلئے آمادہ ہو جائے تو اسے دل میں سوچنا چاہئے کہ تو روزے سے ہوں"۔

(بخاری و مسلم)

روزہ کے دوران روزہ دار کیلئے ضروری ہے کہ وہ دنیا کی تمام آرائش و زیبائش سے کنارہ کش ہو کر معبود حقیقی کی طرف راغب ہو جائے اور عمل سے یہ ثبوت دے کہ وہ

اپنے مالک حقیقی کیلئے اپنی تمام تر ضرورتوں، چیزوں کو قربان کرچکا ہے۔ وہ للہ کے راستے میں ہے، اس کا مقصد للہ کی رضا حاصل کرنا ہے۔ دنیاومافیہا سے اسے کچھ لینا دینا نہیں۔ نہ اسے کھانے سے مطلب ہے نہ پینے سے مطلب ہے نہ اسے بیوی کے ساتھ میل ملاپ سے مطلب، نہ اسے دنیاداری سے مطلب، اسے مطلب ہے تو صرف اپنے پروردگار سے۔

روزہ دار کو روزہ رکھتے ہوئے یہ بھی طے کرلینا چاہئے کہ اس کا مقصد جہاں عبادت میں مشغول رہنا ہے وہیں اسے اس اثناء میں ایک صاحب کردار اور نیک و صالح انسان بننا ہے۔ مگر آج کل زیادہ تر روزے دار اپنے سامنے اس مقصد کو نہیں رکھ رہے ہیں۔ جس کے سبب وہ رمضان المبارک کے پورے مہینے کے روزے رکھنے کے باوجود نہ متقی بن پاتے ہیں، نہ نیک و صالح اور صاحب کردار انسان۔ جو عیوب اور غلط عادتیں رمضان سے پہلے ان میں ہوتی ہیں وہ مسلسل انتیس یا تیس روزے رکھنے کے بعد بھی رہتی ہیں۔ اس بات کی طرف دھیان دینے کی ضرورت ہے۔ روزے دار کے پیش نظر یہ بات رہنی چاہئے کہ روزوں کی فرضیت منعم حقیقی کی جانب سے ان پر ایک بڑا احسان ہے، جس میں انہیں دینی، اخلاقی اور انسانی تربیت کا بھرپور موقع ملتا ہے۔ اگر وہ اس اثناءیں مکمل طریقہ سے اسلام پر عمل پیرا ہوں تو ان کی بہترین تربیت ہوسکتی ہے اور اپنے اخلاق و معاملات کو سدھارا جاسکتا ہے۔

***

رمضان - عبادات کی یکسوئی کا مہینہ

محب اللہ قاسمی

رمضان کا مبارک مہینہ جس میں خدا کی رحمتوں اور برکتوں کا نزول ہوتا ہے، اس کی سب سے اہم عبادت "صوم" یعنی روزہ رکھنا ہے۔ روزہ طلوع آفتاب سے غروب آفتاب تک خود کو کھانے، پینے اور جماع (شہوانی خواہشات) کی تکمیل سے رکنے کو کہتے ہیں۔

اللہ نے اپنے کلام میں روزے کو صوم سے تعبیر کیا ہے جس کی حقیقت یہ ہے کہ نزول قرآن سے قبل عرب میں "صائم" اس گھوڑے کو کہا جاتا تھا جسے بھوک اور پیاس کی شدت برداشت کرنے کیلئے خاص قسم کی تربیت دی جاتی تھی تاکہ وہ مشکل اوقات میں زیادہ سے زیادہ سختی برداشت کرسکے۔ رمضان میں بھی خدا اپنے بندوں کو بھوک اور پیاس کی شدت برداشت کرنے کا حکم دے کر یہ تربیت دینا چاہتا ہے کہ وہ شرائع واحکام کے متحمل ہوسکیں۔

اس لحاظ سے رمضان المبارک کو ماہ تربیت کہا جاتا ہے کیونکہ خدا اپنے بندوں کو روزے کے ذریعے ایک خاص چیز کی تربیت دینا ہے جسے "تقویٰ" کہتے ہیں، چنانچہ قرآن مجید نے روزے کی فرضیت کا مقصد واضح کرتے ہوئے کہا:

"لعلکم تتقون"

تا کہ تم متقی ہو جاؤ"۔

روزہ تربیت نفس کی قدیم ترین عبادت ہے جو انسان کو صبر و ضبط کا عادی بناتا ہے کیونکہ نفس اور خواہشات پر قابو پانے کی بہتر تربیت روزوں کے ذریعہ ہوتی ہے۔ تربیت زندگی کے تمام شعبوں میں کامیابی اور حصول مقاصد کیلئے نہایت ضروری ہے، اس کے بغیر کسی بھی مقصد یا مشن میں کامیابی حاصل کرنا مشکل ہے۔ ہر چیز کو نشو و نما اور اس کے ارتقاء کیلئے تربیت کی خاص ضرورت ہے۔ خواہ انسان کا عملی، علمی، فکری لحاظ سے ذاتی نشو و نما ہو یا پھر خاندانی، سماجی، سیاسی اور افراد سازی کے اعتبار سے معاشرتی ارتقاء ہو ہر جگہ تربیت کی ضرورت ہے۔

روزہ کی فرضیت:

۲/ ہجری میں رمضان المبارک کے روزے فرض ہوئے۔ روزہ ہر مقیم، عاقل، بالغ مسلمان مرد عورت پر فرض ہے۔ اللہ کا فرمان ہے:

"اے ایمان والو! تم پر روزے فرض کئے گئے جس طرح تم سے پہلے کے لوگوں (امتوں) پر فرض کئے گئے تھے"۔

(البقرۃ:۱۸۳)

اس لئے بلا عذر اس گناہ عظیم ہے جس کی قضا پوری عمر ادا کرنے سے بھی پوری نہیں ہوتی۔

شہر القرآن:

خدا نے اس مقدس کتاب کو مبارک ماہ میں نازل فرما کر ہمیشہ کیلئے انسانوں کی ہدایت، تربیت اور رہنمائی کیلئے ایک گائیڈ بک بنا دیا۔ قرآن اس بات کی اچھی تربیت دیتا ہے کہ انسانی زندگی کے تمام شعبوں میں اس سے رہنمائی حاصل کی جائے اور جہاں جس

کام کا حکم ہے اسے کیا جائے اور جن چیزوں سے منع کیا گیا ہے، اس سے باز رہا جائے۔ اس طرح خدا اس ماہ میں اپنے بندوں کو عبادت واطاعت، زبان و شرم گاہ کی حفاظت، غریبوں اور حاجتمندوں کی ضرورت پوری کرنے کی صراحت وقت کی نزاکت اور ہر طرح کے فرائض و حقوق کی ادائیگی کیلئے پوری زندگی لگن اور ریاضت کی تربیت دیتا ہے کہ بندہ اس ماہ کی عملی مشق سے آئندہ دنوں میں رضائے الہیٰ کے مطابق زندگی بسر کرنے اور خود کو جہنم کی آگ سے بچاکر خدا کے انعام (جنت) کا مستحق بنائے۔ اس طرح وہ معنوی اعتبار سے پوری زندگی "صائم" ہوتا ہے جس کا بدلہ خدا اسے دیتا رہے گا۔

شہر اللہ:۔

نبی پاک صلی اللہ علیہ وسلم کی زبانی اس ماہ کو "شہر اللہ" اور "شہر المواساۃ" سے تعبیر کیا جاتا ہے۔ اس ماہ میں ان تمام چیزوں کی تربیت دی جاتی ہے جس سے انسان اپنے خدا کا فرمانبردار بن کر آئندہ یک سالہ منصوبہ حیات کی تکمیل، اپنے خالق ومالک کی ہدایت کے مطابق کر سکے۔ جس طرح ایک فوجی جنرل اپنی فوج کو کسی مہم پر بھیجنے یا کسی جگہ چوکسی کیلئے متعین کرتا ہے، تو اس سے قبل وہ اپنے فوجیوں کو خاص مدت تک ٹریننگ دیتا ہے اور ان سے سخت ریاضت بھی کرواتا ہے تاکہ اس کے فوجی اپنے ذمے سونپے گئے کام کو بحسن وخوبی انجام دے سکیں۔ چنانچہ جو اس میں جتنی دلچسپی لیتا ہے وہ اسی قدر پختہ، تجربہ کار ہو جاتا ہے اور وہ فوجی، جنرل کی نگاہ میں محبوب بن جاتا ہے۔ ٹھیک اسی طرح خدا نے اس مہینے میں روزے کا حکم نازل فرما کر اپنے بندوں کو نیک کام کرنے کی ترغیب دی کہ اس میں ادا کئے گئے فرض کا ثواب ستر نگاہ زیادہ اور نوافل، فرائض کے برابر ہوگا تاکہ بندہ زیادہ سے زیادہ عبادت کا عادی بنے اور اس کے دل میں یہ اثر پیدا ہو کہ جس طرح وہ خدا کے منع کرنے پر اس ماہ (روزے کی حالت) میں دستر خوان پر موجود حلال چیز کے

باوجود، اسے حلق سے نیچے نہیں اتارتا، ٹھیک اسی طرح دیگر ماہ میں یہ وہ یہ عزم کرے کہ خدا کی حرام کردہ چیز کی طرف آنکھ اٹھا کر بھی نہیں دیکھے گا۔ یہ خدا کا مہینہ ہے، لہٰذا جو اپنی کڑی ریاضت کے ذریعے اپنی تربیت کرے گا، وہ آئندہ دنوں میں شیطان کے مکرو فریب کا ڈٹ کر مقابلہ کر سکے گا۔ یہی اس حدیث کا مطلب ہے جس میں اگلے پچھلے گناہ کی معافی کا اعلان ہے۔

حضرت ابوہریرہ رضی اللہ عنہ سے روایت ہے کہ رسول للہ صلی اللہ علیہ وسلم نے فرمایا:

جس نے رمضان کا روزہ ایمان کے ساتھ ثواب کی نیت سے رکھا تو اس کے (اگلے) پچھلے گناہ معاف کر دیئے جاتے ہیں"۔

(بخاری و مسلم)

اس کے ساتھ ساتھ وہ خدا کا محبوب بھی ہو گا۔ ارشاد نبویؐ ہے:

"ابن آدم کا ہر عمل اس کیلئے ہوتا ہے سوائے روزے کے۔ روزہ میرے لئے ہے اور میں ہی اس کا بدلہ دوں گا۔ بندہ اپنی خواہشات اور خوراک صرف میرے ہی لئے چھوڑ دیتا ہے"۔

(مسلم)

شہر المواساۃ:۔

اس ماہ کو شہر المواساۃ (غم خواری کا مہینہ) بھی کہا گیا ہے۔ ایک مالدار صاحب ثروت شخص جس کے پاس ہر طرح کی نعمت و آسائش موجود ہے اس کے باوجود طلوع فجر سے غروب آفتاب تک اس کا ان نعمتوں کو ہاتھ نہ لگانا اور بھوک و پیاس سے بے چین رہنا اس بات کی تربیت دیتا ہے کہ ایک غریب بے بس مسکین ولاچار جس کے پاس کھانے

پینے کا کوئی سامان موجود نہیں اس کی ضرورت پوری کی جائے۔ اس طرح خدا اپنے بندوں کے اندر غم خواری کی تربیت دیتا ہے تاکہ لوگ اپنے مال و اسباب میں ان کا حق سمجھ کر زکوۃ و صدقات اور خیرات کے ذریعہ ان کی مدد کرے۔

جنت کے دروازے کھول دیئے جاتے ہیں:

اس ماہ مبارک جس میں انسانی زندگی کی مکمل تربیت کی جاتی ہے۔ اللہ تعالیٰ اپنے بندوں کیلئے جنت کے سارے دروازے کھول دیتا ہے اور جہنم کے دروازے بند کر دیتا ہے تاکہ اس کی پر بہار فضا میں نیک کام کرنے میں کوئی پریشانی نہ ہو اور اپنی جس نیکی سے چاہے جنت میں داخل ہو جائے، خواہ عبادات کے ذریعہ یا اچھے اور نیک معاملات کے ذریعہ چنانچہ اس کا ایسا اثر ہوتا ہے کہ ہر شخص روزے سے ہوتا ہے اور نیکی کی طرف دوڑتا ہوا نظر آتا ہے جس پر خدا اپنے فرشتوں میں فخر کرتا ہے۔ شیاطین باندھ دیئے جاتے ہیں تاکہ وہ اس مبارک ماحول کو خراب نہ کر سکے۔ اگر انسان اپنی تربیت نہ کرے تو وہ درندہ صفت حیوان بن جاتا ہے اور معاشرہ ایک خوفناک جنگل کی مانند ہو جاتا ہے جبکہ انسان انس و محبت کا پیکر اور باہمی تعلقات کا خوگر ہوتا ہے۔ اس لئے اس ماہ مبارک میں اسے اپنی ہر طرح تربیت کرنے کی کوشش کرنی چاہئے تاکہ اس کا دل بغض، بخل، خود غرضی، حرص و حسد، کینہ، خود پسندی، شہرت پسندی، تنگ دلی اور تکبر جیسی ناپاک چیزوں سے نفرت کرنے لگے اور بہترین انسان بن کر خدا کے محبوب بن جائے جس سے قوم و ملت کو فائدہ ہو۔ ورنہ تو اس جہاں میں انسان اور بھی ہیں۔

روزہ کا روحانی اور انسانی پہلو

مولانا وحید الدین خان

روزہ کیلئے عربی لفظ صوم ہے۔ صوم کے معنی ہیں رُکنا (Abstinance)۔ قرآن کی سورہ نمبر ۲ میں صوم رمضان کے احکام آئے ہیں۔ ان آیتوں کا مفہوم یہ ہے کہ روزہ تمہارے اوپر اس لئے فرض کیا گیا تاکہ تم متقی بنو، یعنی تمہارے اندر خدا کا ڈر پیدا ہو۔

خدا سے ڈرنا کیا ہے؟ خدا سے ڈرنے کا مطلب یہ ہے کہ آدمی خدا کی عظمت کے مقابلے میں اپنے عجز کا اعتراف کرے۔ حقیقت یہ ہے کہ عجز کا اعتراف ہی ایمان کا آغاز ہے۔ جب کسی آدمی کو خدا کی معرفت حاصل ہوتی ہے تو اُس کے اندر سب سے زیادہ جو احساس پیدا ہوتا ہے وہ یہی عجز ہے۔ خدا پر ایمان دراصل خدا کی بے پناہ عظمت کو دریافت کرنا ہے۔ اور جو آدمی خدا کی بے پناہ عظمت کو دریافت کرے، اس کا حال یہ ہو گا کہ وہ عجز کے احساس میں ڈوب جائے گا۔ اُس کے اندر جو سب سے بڑی صفت پیدا ہو گی وہ یہی عجز کی صفت ہے۔

روزہ اس بات کا سبق ہے کہ تم چند دنوں کیلئے کھانا چھوڑ دو، تاکہ تم بقیہ دنوں میں زیادہ اچھے کھانے والے بنو۔ تم چند دنوں کیلئے اپنی سرگرمیوں کو داخلی تعمیر کے محاذ پر لگا دو، تاکہ اس کے بعد تم زیادہ بہتر طور پر خارجی سرگرمی کے قابل بن جاؤ۔ چند دنوں کیلئے تم اپنے بولنے پر پابندی لگا لو، تاکہ اس کے بعد تم زیادہ بہتر بولنے والے بن سکو۔ چند دنوں کیلئے تم اپنے مقام پر ٹھہر جاؤ، تاکہ اس کے بعد تم کامیاب پیش قدمی کے قابل بن سکو۔

زندگی میں صرف اقدام کی اہمیت نہیں ہوتی بلکہ رُکنا بھی زندگی میں ایک بے حد اہم پالیسی کی حیثیت رکھتا ہے۔ اقدام اگر خارجی توسیع کی علامت ہے تو رکنا داخلی استحکام کی علامت اور زندگی کی حقیقی تعمیر کیلئے بلاشبہ دونوں ہی یکساں طور پر ضروری ہیں۔

روزہ بیک وقت دو چیزوں کی تربیت ہے۔ ایک، شکر اور دوسرے تقوی۔ کھانا اور پانی اللہ کی بہت بڑی نعمتیں ہیں، مگر عام حالات میں آدمی کو اس کا احساس نہیں ہوتا۔ روزے میں جب آدمی دن بھر ان چیزوں سے رکا رہتا ہے اور سورج ڈوبنے کے بعد شدید بھوک، پیاس کی حالت میں وہ کھانا کھاتا ہے اور پانی پیتا ہے تو اُس وقت اس کو معلوم ہوتا ہے کہ یہ کھانا اور پانی، اللہ کی کتنی بڑی نعمتیں ہیں۔ اس تجربے سے آدمی کے اندر اپنے رب کے شکر کا بے پناہ جذبہ پیدا ہوتا ہے۔

دوسری طرف، روزہ آدمی کیلئے تقویٰ کی تربیت ہے۔ تقویٰ یہ ہے کہ آدمی دنیا کی زندگی میں خدا کی منع کی ہوئی چیزوں سے بچے، وہ اُن چیزوں سے رکا ہے جن سے خدا نے اُس کو روکا ہے اور وہ وہی کرے جس کے کرنے کی خدا نے اس کو اجازت دی ہے۔ روزے میں صرف رات کو کھانا اور دن کو کھانا، پینا چھوڑ دینا، گویا اللہ کو اپنے اوپر نگراں بنانے کی مشق ہے۔ مومن کی پوری زندگی ایک قسم کی روزہ دارانہ زندگی ہے۔ رمضان کے مہینے میں وقتی طور پر چند چیزوں کو چھوڑ کر آدمی کو یہ تربیت دی جاتی ہے کہ وہ ساری عمر کیلئے اُن چیزوں کو چھوڑ دے جس اُس کے رب کو ناپسند ہیں۔ قرآن بندے کے اوپر اللہ کا انعام ہے اور روزہ بندے کی طرف سے اس انعام کا عملی اعتراف۔ روزے کے ذریعہ بندہ اپنے آپ کو اللہ کی شکر گزاری کے قابل بناتا ہے اور اپنے اندر یہ صلاحیت پیدا کرتا ہے کہ وہ قرآن کے بتائے ہوئے طریقے کے مطابق، دنیا میں متقیانہ زندگی گزار سکے۔

روزہ رکھنے سے دل کے اندر نرمی اور شکستگی آتی ہے۔ اس طرح، روزہ آدمی کے اندر یہ صلاحیت پیدا کرتا ہے کہ وہ اُن کیفیتوں کو محسوس کر سکے جو اللہ کو اپنے بندوں سے مطلوب ہیں۔ روزے کی پر مشقت تربیت، آدمی کو اس قابل بناتی ہے کہ اللہ کی شکر گزاری میں اس کا دل تڑپے، اور اللہ کے خوف سے اس کے اندر کپکپی پیدا ہو۔ جب آدمی اس نفسیاتی حالت کو پہنچتا ہے، اُسی وقت وہ اس قابل بنتا ہے کہ وہ اللہ کی نعمتوں پر ایسا شکر ادا کرے جس میں اُس کے دل کی دھڑکنیں شامل ہوں، وہ ایسے تقویٰ کا تجربہ کرے جو اُس کے بدن کے رونگٹے کھڑے کر دے، وہ اللہ کو ایک ایسے بڑے کی حیثیت سے پائے جس میں اس کا اپنا وجود بالکل چھوٹا ہو گیا ہو۔

حضرت سلمان فارسیؓ سے ایک طویل روایت آئی ہے۔ اس روایت میں رمضان کے بارے میں رسول اللہ صلی اللہ علیہ وسلم کے یہ الفاظ آئے ہیں: ترجمہ: یعنی رمضان کا مہینہ انسانی ہمدردی کا مہینہ ہے۔

مذکورہ حدیث رسول میں رمضان کو مواسلات (Philanthorpy) کا مہینہ کہا گیا ہے۔ مواسات کا مطلب یہ ہے کہ انسان کے ساتھ مالی، یا غیر مالی مدد کا معاملہ کیا جائے۔ اس کے لئے قرآن میں "مرحمۃ" (البلد:۱۷) کا لفظ آیا ہے۔ مرحمہ کے معنی بھی تقریباً وہی ہیں جو مواسات کے معنی ہیں، یعنی انسان کے ساتھ ہمدردی اور مہربانی کا معاملہ کرنا (الرحمۃ علی الخلق)۔ مواسات ایک اخلاقی فریضہ ہے جو ہمیشہ اور ہر حال میں اہل ایمان سے مطلوب ہوتا ہے، لیکن رمضان کے مہینے میں اس اخلاقی ذمے داری کی اہمیت بہت زیادہ بڑھ جاتی ہے۔

رمضان کے مہینے میں روزہ رکھنے کا ایک پہلو یہ ہے کہ وہ لوگوں کے اندر انسانی ہمدردی کے احساس کو جگاتا ہے۔ روزہ گویا کہ اُس محتاجی کی حالت کو اختیاری طور پر اپنے

اوپر طاری کرنا ہے جو دوسروں کے ساتھ مجبوری کے طور پر پیش آتی ہے۔ اس طرح روزہ یہ کرتا ہے کہ وہ ایک اخلاقی ذمہ داری کو روزے دار کیلئے اُس کا ایک ذاتی تجربہ بنا دیتا ہے۔ اس ذاتی تجربے کی بناپر وہ زیادہ گہرائی کے ساتھ انسانی ہمدردی کے معاملے کو سمجھتا ہے اور اُس پر عمل کرنے کیلئے کھڑا ہو جاتا ہے۔ روزہ ایک طرف، انسان کے اندر اللہ سے تعلق کو بڑھاتا ہے اور دوسری طرف وہ روزہ داروں کے اندر انسانی خدمت کا جذبہ مزید اضافے کے ساتھ پیدا کرین کا سبب بنتا ہے۔ رمضان کے مہینے کے بعد انسان زیادہ بہتر طور پر خدا کا عبادت گذار بن جاتا ہے اور اسی کے ساتھ وہ زیادہ بہتر طور پر انسان کا خدمت گذار بھی۔ روزہ ایک اعتبار سے عبادت خداوندی کا تجربہ ہے اور دوسرے اعتبار سے خدمت انسانی کی تربیت کا ذریعہ۔

***

روزے کے تقاضے اور اتباع سنت

مفتی جسٹس تقی عثمانی

آپ روزے تو ماشا اللہ بڑے ذوق و شوق سے رکھ رہے ہیں، لیکن روزے کے کیا معنی ہیں؟

روزے کے معنی یہ ہیں کہ کھانے سے اجتناب کرنا، پینے سے اجتناب اور نفسانی خواہشات کی تکمیل سے اجتناب کرنا، روزے میں ان تینوں چیزوں سے اجتناب ضروری ہے۔ اب یہ دیکھیں کہ یہ تینوں چیزیں ایسی ہیں جو فی نفسہ حلال ہیں، کھانا حلال، پینا حلال اور جائز طریقے سے زوجین کا نفسانی خواہشات کی تکمیل کرنا حلال، اب روزے کے دوران آپ ان حلال چیزوں تو سے پرہیز کر رہے ہیں۔ نہ کھا رہے ہیں اور نہ پی رہے ہیں۔ لیکن جو چیزیں پہلے سے حرام تھیں، مثلاً جھوٹ بولنا، غیبت کرنا، بد نگاہی کرنا، جو ہر حال میں حرام تھیں، روزے میں یہ سب چیزیں ہو رہی ہیں۔

اب روزہ رکھا ہوا ہے اور جھوٹ بول رہے ہیں۔ روزہ رکھا ہوا ہے اور غیبت کر رہے ہیں۔ روزہ رکھا ہوا ہے بد نگاہی کر رہے ہیں۔ روزہ رکھا ہوا ہے لیکن وقت پاس کرنے کیلئے گندی فلمیں دیکھ رہے ہیں۔۔۔

یہ کیا روزہ ہوا؟

کہ حلال چیز تو چھوڑ دی اور حرام چیز نہیں چھوڑی۔ اسی لئے حدیث شریف میں نبی کریم صلی اللہ علیہ وسلم نے فرمایا کہ اللہ تعالیٰ فرماتے ہیں کہ جو شخص روزے کی حالت میں جھوٹ بولنا نہ چھوڑے تو مجھے اس کے بھوکا اور پیاسا رہنے کی کوئی حاجت نہیں۔ اس لئے جب جھوٹ بولنا نہیں چھوڑا جو پہلے سے حرام تھا تو کھانا چھوڑ کر اس نے کونسا بڑا عمل کیا؟

اگرچہ فقہی اعتبار سے روزہ درست ہو گیا۔ اگر کسی مفتی سے پوچھو گے کہ میں نے روزہ بھی رکھا تھا اور جھوٹ بھی بولا تھا تو وہ مفتی یہی جواب دے گا کہ روزہ درست ہو گیا اس کی قضا واجب نہیں لیکن اس کی قضا نہ ہونے کے باوجود اس روزے کا ثواب اور برکات ملیامیٹ ہو گئیں، اس واسطے کے آپ نے اس روزہ کی روح حاصل نہیں کی۔

یہ جو آیت ہے۔

یا أیھا الذین آمنوا کتب علیکم الصیام کما کتب علی الذین من قبلکم لعلکم تتقون

اے ایمان والو! تم پر روزے فرض کئے گئے جیسے پچھلی امتوں پر فرض کئے گئے۔

(البقرہ:۱۸۳)

کیوں روزے فرض کئے گئے؟ تاکہ تمہارے اندر تقویٰ پیدا ہو یعنی روزہ اصل میں اس لئے تمہارے ذمہ فرض کیا گیا تاکہ اس کے ذریعہ تمہارے دل میں تقویٰ کی شمع روشن ہو۔ روزے سے تقویٰ کس طرح پیدا ہوتا ہے؟

بعض علماء کرام نے فرمایا کہ روزے سے تقویٰ اس طرح پیدا ہوتا ہے کہ روزہ انسان کی قوت حیوانیہ اور قوت بہیمیہ کو توڑتا ہے، جب آدمی بھوکا رہے گا تو اس کی وجہ سے اس کی حیوانی خواہشات اور حیوانی تقاضے کچلے جائیں گے۔ جس کے نتیجے میں گناہوں پر اقدام کرنے کا داعیہ اور جذبہ سست پڑ جائے گا۔

حضرت مولانا اشرف علی صاحب تھانوی قدس اللہ سرہ نے فرمایا کہ صرف قوت

بہیمیہ توڑنے کی بات نہیں ہے۔ بلکہ بات دراصل یہ ہے کہ جب آدمی صحیح طریقے سے روزہ رکھے گا تو یہ روزہ خود تقویٰ کی ایک عظیم الشان سیڑھی ہے۔

اس لئے کہ تقویٰ کے کیا معنی ہیں؟ تقویٰ کے معنی یہ ہیں کہ اللہ جل جلالہ کی عظمت کے استحضار سے اس کے گناہوں سے بچنا، یعنی یہ سوچ کر کہ میں اللہ تعالیٰ کا بندہ ہوں۔ اور اللہ تعالیٰ مجھے دیکھ رہے ہیں۔ اللہ تعالیٰ کے سامنے حاضر ہو کر مجھے جواب دینا ہے، اور اللہ تعالیٰ کے سامنے پیش ہونا ہے۔ اس تصور کے بعد جب انسان گناہوں کو چھوڑتا ہے تو اسی کا نام تقویٰ ہے۔

جیسا کہ اللہ تعالیٰ فرماتے ہیں:

وأما من خاف مقام ربہ ونھی النفس عن الھوی

(سورۃ النازعات:۴۰)

یعنی جو شخص اس بات سے ڈرتا ہے کہ مجھے اللہ تعالیٰ کے دربار میں حاضر ہونا ہے اور کھڑا ہونا ہے، اور اس کے نتیجے میں وہ اپنے آپ کو ہوائے نفس اور خواہشات سے روکتا ہے یہی تقویٰ ہے۔

لہذا روزہ حصول تقویٰ کیلئے بہترین ٹریننگ اور بہترین تربیت ہے، جب روزہ رکھ لیا تو آدمی پھر کیسا ہی گنہگار، خطاکار اور فاسق وفاجر جیسا بھی ہو لیکن روزہ رکھنے کے بعد اس کی یہ کیفیت ہوتی ہے کہ سخت گرمی کا دن ہے اور سخت پیاس لگی ہوئی ہے اور کمرہ میں اکیلا ہے، کوئی دوسرا پاس موجود نہیں اور دروازے پر کنڈی لگی ہوئی ہے اور کمرہ میں فرج موجود ہے اور اس فرج میں ٹھنڈا پانی موجود ہے۔ اس وقت انسان کا نفس یہ تقاضا کرتا ہے کہ اس شدید گرمی کے عالم میں ٹھنڈا پانی پی لوں لیکن کیا وہ شخص فرج سے ٹھنڈا پانی نکال کر پی لے گا؟

ہر گز نہیں پڑے گا۔

حالانکہ اگر وہ پانی پی لے تو کسی بھی انسان کو کانوں کان خبر نہ ہو گی۔ کوئی لعنت و ملامت کرنے والا نہیں ہو گا۔ اور دنیا والوں کے سامنے وہ روزہ دار ہی رہے گا اور شام کو باہر نکل کر آرام سے لوگوں کے ساتھ افطاری کھالے تو کسی شخص کو بھی پتہ نہیں چلے گا کہ اس نے روزہ توڑ دیا ہے۔ لیکن اس کے باوجود وہ پانی نہیں پیتا ہے، کیوں نہیں پیتا؟ پانی نہ پینے کی اس کے علاوہ کوئی اور وجہ نہیں ہے کہ وہ یہ سوچتا ہے کہ اگرچہ کوئی مجھے نہیں دیکھ رہا ہے لیکن میرا مالک جس کیلئے میں نے روزہ رکھا ہے وہ مجھے دیکھ رہا ہے۔

اسی لئے اللہ جل شانہ فرماتے ہیں کہ

الصوم لي وأنا أجزي به

جامع الترمذي » كتاب الصوم » باب ماجاء في فضل الصوم

یعنی روزہ میرے لئے ہے لہذا میں ہی اس کی جزادوں گا۔

اور اعمال کے بارے میں تو یہ فرمایا کہ کسی عمل کا دس گنا اجر، کسی عمل کا ستر گنا اجر، اور کسی عمل کا سو گنا اجر ہے حتی کہ صدقہ کا اجر سات سو گنا ہے، لیکن روزہ کے بارے میں فرمایا کہ روزے کا اجر میں دوں گا۔ کیو کہ روزہ اس نے صرف میرے لئے رکھا تھا۔

اس لئے کہ شدید گرمی کی وجہ سے جب حلق میں کانٹے لگ رہے ہیں، اور زبان پیاس سے خشک ہے اور فرج میں ٹھنڈا پانی موجود ہے اور تنہائی ہے کوئی دیکھنے والا بھی نہیں ہے۔ اس کے باوجود میرا بندہ صرف اس لئے پانی نہیں پی رہا ہے کہ اس کے دل میں میرے سامنے کھڑا ہونے اور جواب دہی کا ڈر اور احساس ہے۔ اس احساس کا نام تقویٰ ہے۔ اگر یہ احساس پیدا ہو گیا تو تقویٰ بھی پیدا ہو گیا۔ لہذا تقویٰ روزے کی ایک شکل بھی ہے۔ اور اس کے حصول کی ایک سیڑھی بھی ہے۔ اس لئے اللہ تعالیٰ نے فرمایا کہ ہم نے

روزے اس لئے فرض کئے تا کہ تقویٰ کی عملی تربیت دیں۔

اور جب آپ روزہ کے ذریعہ یہ عملی تربیت حاصل کر رہے ہیں تو پھر اس کو اور ترقی دیں اور آگے بڑھائیں۔ لہذا جس طرح روزے کی حالت میں شدت پیاس کے باوجود پانی پینے سے رک گئے تھے اور اللہ تعالیٰ کے خوف سے کھانا کھانے سے رک گئے تھے، اسی طرح جب کاروبار زندگی میں نکلو، اور وہاں پر اللہ کی معصیت اور نافرمانی کا تقاضہ اور داعیہ پیدا ہو تو یہاں بھی اللہ کے خوف سے اس کی معصیت سے رک جاؤ، لہذا ایک مہینے کے لئے ہم تمہیں ایک تربیتی کورس سے گزار رہے ہیں۔

اور یہ تربیتی کورس اس وقت مکمل ہو گا جب کاروبار زندگی میں ہر موقع پر اس پر عمل کرو، ورنہ اس طرح یہ تربیتی کورس مکمل نہیں ہو گا کہ اللہ کے خوف سے پانی پینے سے تو رک گئے، اور جب کاروبار زندگی میں نکلے تو پھر آنکھ غلط جگہ پر پڑ رہی ہے۔ کان بھی غلط باتیں سن رہے ہیں۔ زبان سے بھی غلط باتیں نکل رہی ہیں۔ اس طرح تو یہ کورس مکمل نہیں ہو گا۔

جس طرح علاج ضروری ہے اس طرح پرہیز بھی ضروری ہے۔ اللہ تعالیٰ نے روزہ اس لئے رکھوایا، تا کہ تمہارے اندر تقویٰ پیدا ہو، لیکن تقویٰ اس وقت پیدا ہو گا، جب اللہ کی نافرمانیوں اور معصیتوں سے پرہیز کرو گے، مثلاً کمرہ کو ٹھنڈا کرنے کیلئے آپ نے اس میں ایئر کنڈیشنر لگایا، اور ایئر کنڈیشنر کا تقاضہ یہ ہے کہ وہ پورے کمرے کو ٹھنڈا کر دے، اب آپ نے اس کو آن کر دیا لیکن ساتھ ہی اس کمرہ کی کھڑکیاں اور دروازے کھول دیئے۔ ادھر سے ٹھنڈک آ رہی ہے اور ادھر سے نکل رہی ہے۔ لہذا کمرہ ٹھنڈا نہیں ہو گا۔

بالکل اس طرح یہ سوچئے کہ روزہ کا ایئر کنڈیشنر تو آپ نے لگا دیا لیکن ساتھ ہی

دوسری طرف اللہ کی نافرمانی اور معصیتوں کے دروازے اور کھڑکیاں کھول دیں۔ اب بتایئے ایسے روزے سے کوئی فائدہ حاصل ہو گا؟

اس طرح روزے کے اندر یہ حکمت کہ اس کا مقصد قوت بہیمیہ توڑنا ہے، یہ بعد کی حکمت ہے۔ اصل مقصد یہ ہے کہ ان کے حکم کی اتباع ہو اور سارے دین کا مدار اللہ اور اللہ کے رسول کے حکم کی اتباع ہے۔

وہ جب کہیں کہ کھاؤ، اس وقت کھانا دین ہے۔ اور جب وہ کہیں کہ مت کھاؤ اس وقت نہ کھانا دین ہے، اللہ تعالیٰ نے اپنی اطاعت اور اپنی اتباع کا عجیب نظام بنایا ہے کہ سارا دن تو روزے رکھنے کا حکم دیا، اور اس پر بڑا اجر و ثواب رکھا۔ لیکن ادھر آفتاب غروب ہوا ادھر یہ حکم آگیا کہ اب جلدی افطار کرو، افطار میں جلدی کرنے کو مستحب قرار دیا۔ اور بلاوجہ افطار میں تاخیر کرنا مکروہ اور ناپسندیدہ ہے۔ کیوں ناپسندیدہ ہے؟ اس لئے کہ جب آفتاب غروب ہو گیا تو اب ہمارا یہ حکم آگیا کہ کھاؤ! اور اب بھی اگر نہیں کھاؤ گے اور بھوکے رہو گے تو یہ بھوک کی حالت ہمیں پسند نہیں۔ اس لئے کہ اصل کام ہماری اتباع کرنا ہے۔ اپنا شوق پورا نہیں کرنا ہے!!

***

روزہ اور اس کی حکمتیں

شیخ محمد بن صالح العثیمین

للہ تعالیٰ خود حکیم ہے، اس نے اپنی مخلوق اور شریعت کی بنیاد زبردست حکمت پر رکھی ہے۔ اپنی مخلوق کیلئے ایسی شریعت دی ہے جس سے ایمان میں اضافہ اور عبادت میں کمال حاصل ہو سکے۔ اس زبردست حکمت تک بعض کی رسائی ہوئی اور بعض کی نہیں ہو سکی جو ہمارے عجز و کوتاہ علمی کی واضح دلیل ہے جیسا کہ للہ تعالیٰ نے خود ارشاد فرمایا ہے

وما أوتیتم من العلم إلا قلیلا

تمہیں علم بہت کم دیا گیا ہے۔

الإسراء - ۱۷:۸۵

للہ تعالیٰ نے عبادتوں کی مشروعیت اور معاملات کو منظم محض اپنے خالص بندوں اور نفس پرستوں کے مابین تمیز و آزمائش کیلئے کیا ہے۔ نیز مختلف طرح کی عبادتیں اسی حکمت پر مشتمل ہیں۔ فرمایا:

و لیمحص اللہ الذین آمنوا

اور تاکہ للہ تعالیٰ مومنوں کو علیحدہ کر سکے

آل عمران - ۳:۱۴۱

روزوں کی ان متعدد حکمتوں میں سے چند مندرجہ ذیل ہیں۔

۱:

روزہ ایک ایسی عبادت ہے جس میں بندہ اپنی دنیوی لذتوں کو مخصوص وقت میں چھوڑ کر قربت الہیٰ حاصل کرتا ہے جو بندے کی ایمانی صداقت، کمال عبودیت اور گہری محبت کی علامت ہے کیونکہ انسان محبوب چیز کو کسی اہم ترین چیز کے ملنے ہی پر چھوڑتا ہے۔

۲:

روزہ سے انسان کے دل میں للہ کا خوف پیدا ہوتا ہے، فرمایا گیا:

یا أیھاالذین آمنوا کتب علیکم الصیام کما کتب علی الذین من قبلکم لعلکم تتقون

اے مومنو! تم پر روزہ فرض کیا گیا ہے جیسا کہ تم سے پہلے لوگوں پر فرض کیا گیا تھا توقع ہے کہ تمہارے اندر تقویٰ پیدا ہو۔

البقرۃ- ۲:۱۸۳

یہی وجہ ہے کہ روزہ دار جب کسی گناہ کا ارادہ کرتا ہے تو اپنے روزہ کو یاد کرتے ہی اس کے ارتکاب سے باز آجاتا ہے۔ آپ (صلی اللہ علیہ وسلم) نے ایک روزہ دار کو تعلیم بھی دی کہ:

کوئی گالی گلوج کرنے پر آمادہ ہو تو اس سے کہہ دو کہ میں روزہ سے ہوں۔

۳:

روزہ سے قلب و دماغ پورے طور پر ذکر و فکر کیلئے فارغ ہو جاتا ہے جب کہ لذتوں کا استعمال موجب غفلت ہے بلکہ دل کی سختی اور حق سے اندھا پن تک پہنچا دیتا ہے اس لئے آپ (صلی اللہ علیہ وسلم) نے کم خوری کی تعلیم دیتے ہوئے فرمایا کہ:

معدہ سے بدتر کوئی برتن ابن آدم نے بھرا ہی نہیں۔ زندگی کی بقاء کیلئے انسان کو چند لقمے کافی ہیں اگر بہت ضروری ہو تو ایک تہائی کھانے کیلئے ایک تہائی پانی کیلئے اور ایک تہائی سانس کیلئے رکھنا چاہئے۔

(احمد، نسائی، ابن ماجہ)

ابو سلیمان الدارانی فرماتے ہیں کہ انسان جب بھوکا اور پیاسا ہوتا ہے تو دل صاف شفاف اور نرم رہتا ہے اور آسودگی ہونے پر دل اندھا ہو جاتا ہے۔

:۴

روزہ سے ایک مالدار شخص کے دل میں ان لذتوں کی قدر پیدا ہوتی ہے جس پس یہ متمتع اور دوسرے بہت سے لوگ محروم ہیں پھر للہ تعالیٰ کی شکر گذاری میں اپنے بھوکے، پیاسے بھائی پر صدقات و خیرات کرتا ہے۔ یہی وجہ ہے کہ آپ (صلی اللہ علیہ وسلم) یوں تو لوگوں میں زیادہ سخی تھے ہی، مگر آپ کی سخاوت اس وقت اور بڑھ جاتی جس وقت جبرئیل علیہ السلام آپ کے پاس آتے اور قرآن کا مذاکرہ کرتے۔

:۵

روزہ سے انسان کو ضبط نفس اور کنٹرول کرنے کی ٹریننگ ملتی ہے جس سے آدمی کو خیر و فلاح کی رہنمائی حاصل ہوتی ہے کیونکہ مطلق العنانی آدمی کو ہلاکت کے گڑھے میں ڈھکیل دیتی ہے۔

:۶

روزہ آدمی کے نفسانی کبر و غرور کو ختم کرکے اس کو حق کا تابع اور مخلوق کیلئے نرم کر دیتا ہے۔ کیونکہ دنیاوی لذتوں سے متمتع ہونے والا شخص کبر و غرور، بغاوت و سرکشی پر اتر آتا ہے جو آدمی کی ہلاکت کا سبب ہوتی ہے۔

۷:

روزہ کی حالت میں بھوک و پیاس کی وجہ سے خون کا دوران کم ہو جاتا ہے جس سے انسانی بدن میں شیطان کی دوڑ بھی کم ہو جاتی ہے۔ جب کہ شیطان انسانی جسم میں خون کے مانند دوڑ لگاتا ہے۔ یہی سبب ہے کہ آپ (صلی اللہ علیہ و سلم) نے فرمایا:

اے جوانو! تم میں جو شخص قوت مردانگی رکھتا ہو وہ شادی کر لے کیونکہ نکاح آدمی کی نگاہ پست کر دیتا ہے اور شرم گاہ کی حفاظت کرتا ہے اور جو شخص طاقت نہ رکھتا وہ روزہ رکھے کیونکہ روزہ شہوت کی حدت کم کر دیتا ہے۔

(بخاری و مسلم)

کم خوری اور ایک مخصوص وقفہ میں آلات ہاضمہ کو راحت پہنچانے پر جو جسمانی صحت ممکن ہو سکتی ہے وہ ہمیں بآسانی حاصل ہوتی ہے اور یوں جسم کیلئے نقصان دہ رطوبات کا خاتمہ ہوتا ہے۔

روزہ کے چار اہم بنیادی مقاصد

محمد نجیب قاسمی سنبھلی

روزہ کا پہلا مقصد: تقویٰ

اللہ تبارک و تعالیٰ قرآن کریم میں ارشاد فرماتا ہے (مفہوم) اے ایمان والو! تم پر روزہ فرض کیا گیا جس طرح تم سے پہلی امتوں پر فرض کیا گیا تھا تاکہ تم متقی بن جاؤ۔ قرآن کریم کے اس اعلان کے مطابق روزہ کی فرضیت کا بنیادی مقصد لوگوں کی زندگی

میں تقویٰ پیدا کرنا ہے۔ تقویٰ اصل میں اللہ تبارک و تعالیٰ سے خوف و رجاء کے ساتھ حضور اکرمؐ کے طریقہ کے مطابق ممنوعات سے بچنے اور امر پر عمل کرنے کا نام ہے۔ روزہ سے خواہشات کو قابو میں رکھنے کا ملکہ پیدا ہوتا ہے اور یہی تقویٰ یعنی اللہ کے خوف کی بنیاد ہے۔ روزہ کے ذریعہ ہم عبادات، معاملات، اخلاقیات اور معاشرت غرض یہ کہ زندگی کے ہر شعبہ میں اپنے خالق، مالک و رازق کائنات کے حکم کے مطابق زندگی گذارنے والے بن سکتے ہیں۔ اگر ہم روزہ کے اس اہم مقصد کو سمجھیں اور جو قوت اور طاقت روزہ دیتا ہے اس کو لینے کیلئے تیار ہوں اور روزہ کی مدد سے اپنے اندر خوف خدا اور اطاعت امر کی صفت کو نشو و نما دینے کی کوشش کریں تو ماہ رمضان ہم میں اتنا تقویٰ پیدا کر سکتا ہے کہ صرف رمضان ہی نہیں بلکہ اس کے بعد بھی گیارہ مہینوں میں زندگی شاہراہ پر خاردار جھاڑیوں سے اپنے دامن کو بچاتے ہوئے چل سکیں۔ اللہ تبارک و تعالیٰ ہم سب کو روزہ کے اس اہم مقصد کو اپنی زندگی میں لانے والا بنائے۔ آمین۔

روزہ کا دوسرا مقصد: گناہوں سے مغفرت:۔

حضور اکرمؐ نے ارشاد فرمایا کہ جس نے ایمان کے ساتھ ثواب کی نیت سے۔یعنی خالصتہ اللہ کی خوشنودی حاصل کرنے کیلئے روزہ رکھا اس کے گذشتہ تمام گناہ معاف فرمادیئے جاتے ہیں۔ حضور اکرمؐ نے ارشاد فرمایا کہ جو ایمان کے ساتھ ثواب کی نیت سے یعنی ریا، شہرت اور دکھاوے کیلئے نہیں بلکہ صرف اور صرف اللہ کی رضا کیلئے رات میں اللہ کی عبادت کیلئے کھڑا ہوا یعنی نماز تراویح اور تہجد پڑھی تو اس کے گذشتہ تمام گناہ معاف کردیئے جاتے ہیں۔ حضور اکرمؐ نے ارشاد فرمایا کہ جو شخص شب قدر میں ایمان کے ساتھ اور ثواب کی نیت سے عبادت کیلئے کھڑا ہوا یعنی نماز تراویح و تہجد پڑھی، قرآن کی تلاوت فرمائی اور اللہ کا ذکر کیا تو اس کے گذشتہ تمام گناہ معاف کردیئے جاتے ہیں۔

ایک مرتبہ حضور اکرمؐ نے صحابہ کرامؓ سے ارشاد فرمایا کہ منبر کے قریب ہو جاؤ، صحابہ کرام قریب ہو گئے۔ جب حضور اکرمؐ نے منبر کے پہلے درجہ پر قدم رکھا تو فرمایا آمین۔ جب دوسرے درجہ پر قدم مبارک رکھا تو فرمایا آمین۔ جب تیسرے درجہ پر قدم رکھا تو فرمایا آمین۔ جب آپؐ خطبہ سے فارغ ہو کر نیچے اترے تو صحابہ کرام نے عرض کیا کہ ہم نے آج آپ سے منبر پر چڑھتے ہوئے ایسی بات سنی جو پہلے کبھی نہیں سنی تھی۔ آپؐ نے ارشاد فرمایا: اس وقت حضرت جبرئیل علیہ السلام میرے سامنے آئے تھے۔ جب پہلے درجہ پر میں نے قدم رکھا تو انہوں نے کہا کہ ہلاک ہو وہ شخص جس نے رمضان کا مبارک مہینہ پایا پھر بھی اس کی مغفرت نہ ہو سکی، میں نے کہا آمین۔ پھر جب دوسرے درجہ پر چڑھا تو انہوں نے کہا کہ ہلاک ہو وہ شخص جس کے سامنے آپؐ کا ذکر مبارک ہو اور وہ درود نہ بھیجے، میں نے کہا آمین۔ جب میں تیسرے درجہ پر چڑھا تو انہوں نے کہا ہلاک ہو وہ شخص جس کے سامنے اس کے والدین یا ان میں سے کوئی ایک بڑھاپے کو پہنچے اور وہ اس کو جنت میں داخل نہ کرا سکیں۔ میں نے کہا آمین، (بخاری، صحیح ابن حبان، مسند حاکم، ترمذی، بیہقی) غرض یہ کس قدر فکر اور افسوس کی بات ہے کہ ماہ مبارک کے قیمتی اوقات بھی غفلت اور معاصی میں گذار دیئے جائیں جس سے سابقہ گناہوں کی مغفرت نہ ہو سکی۔ لہذا ہمیں رمضان کے ایک ایک لمحہ کی حفاظت کرنی چاہیئے تا کہ ایسا نہ ہو کہ ہم حضرت جبرئیل علیہ السلام اور حضور اکرمؐ کی اس دعا کے تحت داخل ہو جائیں۔ حضور اکرمؐ نے ارشاد فرمایا کہ بہت سے روزہ رکھنے والے ایسے ہیں کہ ان کو روزہ کے ثمرات میں بجز بھوکا رہنے کے کچھ بھی حاصل نہیں ہوتا اور بہت سے شب بیدار ایسے ہیں کہ ان کو رات کے جاگنے کے سوا کچھ بھی نہیں ملتا۔ یعنی روزہ رکھنے کے باوجود دوسروں کی غیبت کرتے رہتے ہیں یا گناہوں سے نہیں بچتے یا حرام مال سے افطار کرتے ہیں۔ لہذا ہمیں ہر ہر

عمل خیر کی قبولیت کی فکر کرنی چاہئے۔ حضور اکرمؐ نے عرض کیا کہ کیا یہ شب مغفرت شب قدر ہی تو نہیں ہے؟ آپؐ نے فرمایا نہیں بلکہ دستور یہ ہے کہ مزدور کا کام ختم ہوتے ہی اسے مزدوری دے دی جاتی ہے۔ معلوم ہوا کہ ہمیں عید کی رات میں بھی اعمال صالحہ کا سلسلہ جاری رکھنا چاہئے تاکہ رمضان میں کی گئی عبادتوں کا بھرپور اجر و ثواب مل سکے۔

روز کا تیسرا مقصد: قرب الٰہی۔

روزہ دار کو اللہ تعالیٰ کا خاص قرب حاصل ہوتا ہے۔ روزہ کے متعلق حدیث قدسی میں اللہ تبارک و تعالیٰ کا ارشاد ہے کہ میں خود ہی روزہ کا بدلہ ہوں۔ نیز حضور اکرمؐ کا ارشاد ہے کہ تین شخص کی دعا رد نہیں ہوتی ہے۔ ان تین اشخاص میں سے ایک روزہ دار کی افطار کے وقت کی دعا ہے۔ حضور اکرمؐ نے ارشاد فرمایا کہ خود اللہ تبارک و تعالیٰ اور اس کے فرشتے سحری کھانے والوں پر رحمت نازل فرماتے ہیں۔

روزہ کا چوتھا مقصد: عند اللہ اجر عظیم کا حصول۔

اس برکتوں کے مہینے میں ہر نیک عمل کا اجر و ثواب بڑھادیا جاتا ہے۔ اللہ تبارک و تعالیٰ نے ہر عمل خیر کا دنیا میں ہی اجر بتادیا کہ کس عمل پر کیا ملے گا مگر روزہ کے متعلق حدیث قدسی میں اللہ تعالیٰ ارشاد فرماتا ہے۔ روزہ میرے لئے ہے اور میں خود اس کا بدلہ دوں گا۔ اللہ للہ کیسا عظیم الشان عمل ہے کہ اس کا بدلہ ساتوں آسمانوں وزمینیوں کو پیدا کرنے والا خود عطا کرے گا یا وہ خود اس کا بدلہ ہے۔ روزہ میں عموماً ریا کا پہلو دیگر اعمال کے مقابلہ میں کم ہوتا ہے اسی لئے اللہ تبارک و تعالیٰ نے روزہ کو اپنی طرف منسوب کرکے فرمایا روزہ میرے لئے ہے۔ لہذا ہمیں ماہ رمضان کی قدر کرنی چاہئے کہ دن میں روزہ رکھیں، پنج وقتہ نماز کی پابندی کریں کیونکہ ایمان کے بعد سب سے زیادہ تاکید قرآن و حدیث میں نماز کے متعلق وارد ہوئی ہے۔ حضور اکرمؐ کی آخری وصیت بھی نماز کے

اہتمام کی ہے۔ کل قیامت کے دن سب سے پہلا سوال نماز ہی کے متعلق ہوگا۔ نماز تراویح پڑھیں گے اور اگر موقع مل جائے تو چند رکعات رات کے آخری حصہ میں بھی ادا کرلیں۔ فرض نمازوں کے علاوہ نماز تہجد کا ذکر اللہ تبارک وتعالیٰ نے اپنے قرآن کریم میں متعدد مرتبہ فرمایا ہے۔ رمضان کے آخری عشرہ میں تہجد پڑھنے کا اہتمام کریں کیونکہ حضور اکرمؐ اقوال و افعال کی روشنی میں امت مسلمہ کا اتفاق ہے کہ لیلۃ القدر رمضان کے آخری عشرہ میں پائی جاتی ہے جس میں عبادت کرنے کو اللہ تعالیٰ نے ہزار مہینوں یعنی پوری زندگی کی عبادت سے زیادہ افضل قرار دیا ہے۔ اسی اہم رات کی عبادت کو حاصل کرنے کیلئے ۲ ہجری میں رمضان کے روزے کی فرضیت کے بعد سے حضور اکرمؐ ہمیشہ آخری عشرہ کا اعتکاف فرمایا کرتے تھے۔

***

روزہ اور ضبط نفس

مولانا سید ابوالاعلیٰ مودودی

روزے کے بے شمار اخلاقی اور روحانی فائدوں میں سے ایک یہ ہے کہ وہ انسان میں ضبط نفس کی طاقت پیدا کرتا ہے۔ اس بات کو پوری طرح سمجھنے کیلئے ضروری ہے کہ پہلے ہم ضبط نفس کا مطلب سمجھ لیں، پھر یہ معلوم کریں کہ اسلام کس قسم کا ضبط نفس چاہتا ہے اور اس کے بعد یہ دیکھیں کہ روزہ کس طرح یہ طاقت پیدا کرتا ہے۔

ضبط نفس سے مراد یہ ہے کہ آدمی کی خودی جسم اور اس کی طاقتوں پر اچھی طرح قابو یافتہ ہو اور نفس کی خواہشات و جذبات پر اس کی گرفت اتنی مضبوط ہو کہ وہ اس کے فیصلوں کے تابع ہو کر رہیں۔ انسان کے وجود میں خود کا مقام وہی ہے جو ایک سلطنت میں حکمراں کا مقام ہوا کرتا ہے۔ جسم اور اس کے اعضاء خودی کے آلہ کار ہیں۔ تمام جسمانی اور دماغی طاقتیں خودی کی خدمت کیلئے ہیں۔ نفس کی حیثیت اس کے سوا کچھ نہیں ہے کہ وہ خودی کے حضور اپنی خواہشات کو درخواست کے طور پر پیش کرے۔ فیصلہ خودی کے اختیار میں ہے کہ وہ ان آلات اور طاقتوں کو کس مقصد کیلئے استعمال کرے اور نفس کی گزارشات میں سے کسے قبول اور کسے رد کرے۔

اگر کوئی خودی اتنی کمزور ہو کہ جسم کی مملکت میں وہ اپنا حکم اپنے منشا کے مطابق نہ

چلا سکے اور اس کیلئے نفس کی خواہشیں اور مطالبات احکام کا درجہ رکھتی ہو تو وہ ایک مغلوب اور بے بس خودی ہے۔

اس کی مثال اس سوار کی سی ہے جو اپنے گھوڑے کے قابو میں آگیا ہو۔ ایسے کمزور انسان دنیا میں کسی قسم کی کامیاب زندگی بسر نہیں کرسکتے۔ تاریخ انسانی میں جن لوگوں نے اپنا کوئی نقش چھوڑا ہے، وہ وہی لوگ تھے جنہوں نے اپنے وجود کی طاقتوں کو بزور اپنا محکوم بنا کر رکھا ہے۔ جو خواہشات نفس کے بندے اور جذبات کے غلام بن کر نہیں، بلکہ ان کے آقا بن کر رہے ہیں، جن کے ارادے مضبوط اور عزم پختہ رہے ہیں۔ لیکن۔۔۔ فرق اور بہت فرق ہے اس خودی میں جو خود خدا بن جائے اور اس خودی میں جو خدا کے تابع فرمان بن کر کام کرے۔

کامیاب زندگی کیلئے خودی کا قابو یافتہ ہونا تو بہرحال ضروری ہے مگر خودی اپنے خالق سے آزاد اور دنیا کے مالک سے بے نیاز ہو، جو کسی بالاتر اخلاقی قانون کی پابند نہ ہو، کسی کو کسی حساب لینے والے کی باز پرس کا اندیشہ نہ ہو وہ اگر اپنے جسم و نفس کی طاقتوں پر قابو پاکر ایک پرزور خودی بن جائے تو وہ دنیا میں فرعون اور نمرود، ہٹلر اور مسولینی جیسے بڑے بڑے مفسد ہی پیدا کرسکتی ہے۔

ایسا ضبط نفس نہ قابل تعریف ہے اور نہ وہ اسلام کو مطلوب ہے۔ اسلام جس ضبط نفس کا قائل ہے وہ یہ ہے کہ پہلے انسان کی خودی اپنے خدا کے آگے سر تسلیم خم کردے، اسکی رضا کی طلب اور اس کے قانون کی اطاعت کو اپنا شعار بنالے، اس کے سامنے اپنے آپ کو جواب دہ سمجھ لے پھر اس مسلم و مومن خودی کو اپنے جسم اور اس کی طاقتوں پر حاکمانہ اقتدار اور اپنے نفس اور اس کی خواہشوں پر قاہرانہ تسلط حاصل ہو تاکہ وہ دنیا میں ایک مصلح قوت بن سکے۔

یہ ہے اسلامی نقطہ نظر سے ضبط نفس کی اصل حقیقت۔ آیئے۔۔۔ اب ہم دیکھیں کہ روزہ کس طرح انسان میں طاقت پیدا کرتا ہے۔

اگر آپ نفس و جسم کے مطالبات کا جائزہ لیں تو آپ کو معلوم ہو گا کہ ان میں تین مطالبے اصل بنیاد کا حکم رکھتے ہیں اور وہی سب سے زیادہ طاقتور مطالبے ہیں۔

ایک: غذا کا مطالبہ جس پر بقائے حیات کا انحصار ہے، دوسرا صنفی مطالبہ: جس پر بقائے نوع کا انحصار، تیسرا: آرام کا مطالبہ جو قوت کارکردگی کی بحالی کیلئے ضروری ہے۔

یہ تینوں مطالبے اپنی حد کے اندر رہیں تو عین منشائے فطرت ہیں لیکن نفس و جسم کے پاس یہی تین پھندے ایسے ہیں کہ ذرا سی ڈھیل پاتے ہی وہ ان کے جال میں پھانس کر آدمی کی خودی کو الٹا اپنا غلام بنا لیتے ہیں۔ ان میں سے ہر ایک مطالبہ بڑھ کر مطالبات کی ایک فہرست بن جاتا ہے اور ہر ایک زور لگاتا ہے کہ انسان اپنا مقصد زندگی، اپنے اصول اور اپنے ضمیر کے فتوے بھول کر بس اسی کے تقاضے پورا کرنے میں لگا رہے۔

ایک کمزور خودی جب ان تقاضوں سے مغلوب ہو جاتی ہے تو غذا کا مطالبہ اسے بندۂ شکم بنا دیتا ہے۔ صنفی جذبہ اس کو حیوانیت کے اسفل السافلین میں پہنچا دیتا ہے اور جسم کی آرام طلبی اس کے اندر ارادے کی کوئی طاقت باقی رہنے نہیں دیتی۔ پھر وہ اپنے نفس و جسم کی حاکم نہیں بلکہ ان کی محکوم بن کر رہتی ہے اور اس کا کام بس یہ رہ جاتا ہے کہ اس کے احکام کو بھلے اور برے، جائز اور ناجائز تمام طریقوں سے بجا لایا کرے۔

روزہ نفس کی ان ہی تین خواہشوں کو اپنے ضابطہ کی گرفت میں لیتا ہے اور خودی کو ان پر قابو پانے کی مشق کراتا ہے۔ وہ اس خودی کو جو خدا پر ایمان لا چکی ہے، یہ خبر دیتا ہے کہ تیرے خدا نے آج دن بھر کیلئے تجھ پر دانہ پانی حرام کر دیا ہے، اس مدت کے اندر تیرے مالک نے آج تیری صنفی خواہشات پر بھی پابندی عائد کر دی ہے، صبح صادق سے

غروب آفتاب تک تیرے لئے حلال طریق سے بھی ان خواہشات کو پورا کرنا حرام ہے۔

وہ اسے یہ اطلاع بھی دیتا ہے کہ تیرے رب کی خوشی اسی میں ہے کہ دن بھر کی بھوک پیاس کے بعد جب تو افطار کرے تو نڈھال ہو کر لیٹ نہ جا بلکہ اٹھ کر عام دنوں سے زیادہ اس کی عبادت کر۔ وہ اس کو یہ حکم بھی پہنچاتا ہے کہ نماز کی لمبی رکعتوں سے فارغ ہو کر جب تو آرام لے تو صبح تک مدہوش ہو کر نہ پڑ جا، بلکہ معمول کے خلاف سحری کے لیے اٹھ اور صبح سے پہلے اپنے جسم کو غذا دے۔

یہ سارے احکام پہنچا دینے کے بعد وہ ان کی تعمیل کا معاملہ خود اسی پر چھوڑ دیتا ہے۔ اس کے پیچھے کوئی پولیس، کوئی سی آئی ڈی، کوئی خارجی دباؤ ڈالنے والی طاقت نہیں لگائی جاتی۔ وہ چھپ کر کھائے، پیئے یا صنفی خواہشات پوری کر لے تو خدا کے سوا کوئی اسے دیکھنے والا نہیں ہے۔ وہ تراویح سے بچنے کیلئے کوئی شرعی حیلے کرے تو کوئی دنیوی طاقت اس پر گرفت نہیں کر سکتی۔ سب کچھ اس کے اپنے اوپر منحصر ہے اگر مومن کی خودی واقعی خدا کی مطیع ہو چکی ہے اور اگر اس کے ارادے میں اتنا زور ہے کہ نفس پر قابو پا سکے تو وہ خود ہی غذا کی مانگ کو، صنفی خواہش کو اور آرام کی طلب کو اس ضابطہ میں کس دے گا جو آج خلاف معمول اس کیلئے مقرر کر دیا گیا ہے۔

یہ صرف ایک دن کی مشق نہیں ہے، ایسی مشق کیلئے ایک دن کافی بھی نہیں ہو سکتا۔ مسلسل ۳۰ دن تک یہی مشق کرائی جاتی ہے۔ سال بھر میں پورے ۷۲۰ گھنٹے کیلئے یہ پروگرام بنا دیا گیا ہے کہ رات کے آخری حصہ میں اٹھ کر سحری کھاؤ، صبح پو پھٹتے ہی کھانا پینا بند کر دو، دن بھر ہر قسم کی غذا سے پرہیز کرو، غروب آفتاب کے بعد ٹھیک وقت پر افطار کرو، پھر رات کا ایک حصہ تراویح کی غیر معمولی نماز میں کھڑے ہو کر گزارو اور چند گھنٹے آرام لینے کے بعد پھر دوسرے دن کیلئے یہی پروگرام شروع کر دو، اس طرح مہینے

بھر تک پے در پے نفس کے ان تین سب سے بڑے اور سب سے زیادہ طاقتور مطالبوں کو ضابطے میں کستے رہنے سے خودی کے اندر یہ طاقت پیدا ہو جاتی ہے کہ وہ خدا کی مرضی کے مطابق اپنے نفس و جسم پر حکومت کر سکے اور یہ عمر بھر میں صرف ایک ہی مرتبہ کا پروگرام نہیں ہے بلکہ سن بلوغ کو پہنچنے کے بعد سے مرتے دم تک ہر سال میں ایک مہینہ اسی مشق کیلئے وقف کیا گیا ہے تاکہ نفس پر خودی کی گرفتار بار بار تازہ اور سخت ہوتی رہے۔

یہ ساری مشق محض اس غرض کیلئے نہیں ہے کہ مومن کی خودی صرف اپنی بھوک، پیاس، شہوت اور آرام طلبی پر قابو پالے اور اس کی غرض ہے کہ اس کو نفس و جسم پر قابو صرف ایک رمضان ہی کے مہینے میں حاصل رہے۔

دراصل اس کا مدعا یہ ہے کہ نفس کے ان تین سب سے زیادہ زور دار حربوں کا مقابلہ کر کے وہ اس کے سارے ہی جذبات اور ساری ہی خواہشات پر قابو یافتہ ہو جائے اور اس میں اتنی طاقت پیدا ہو جائے کہ محض رمضان ہی میں نہیں بلکہ رمضان کے بعد بھی باقی گیارہ مہینوں میں وہ ہر اس خدمت کیلئے اپنے جسم اور اس کی طاقتوں سے کام لے سکے جو خدا نے اس پر فرض کی ہو، ہر اس بھلائی کیلئے کوشش کر سکے جس میں خدا کی رضا ہو، ہر اس برائی سے رک سکے جو خدا کو ناپسند ہو اور اپنی خواہشات و جذبات کو ان حدود کا پابند بنا کر رکھ سکے جو خدا نے اس کیلئے مقرر کر دی ہیں۔

اس کی باگیں نفس کے قبضے میں نہ ہوں کہ جدھر جدھر وہ چاہے اسے کھینچے کھینچے پھرے، بلکہ عنان اقتدار اس کے اپنے ہاتھ میں رہے اور نفس کی جن خواہشوں کو، جس وقت جس حد تک اور جس طرح پورا کرنے کی خدا نے اجازت دی ہے، انہیں اسی ضابطہ کے مطابق پورا کرے، اس کا ارادہ اتنا کمزور نہ ہو کہ فرض کو فرض جانتا بھی ہو، ادا بھی

کرنا چاہتا ہو مگر جسم پر اس کا حکم ہی نہ چلتا ہو۔ نہیں، جس کی مملکت میں وہ اس زبردست حاکم کی طرح رہے جو اپنے ماتحت عملے سے ہر وقت اپنے حسب منشا کام لے سکتا ہو، یہی طاقت پیدا کرنا روزے کا اصل مقصد ہے، جس شخص نے روزے سے یہ طاقت حاصل نہ کی اس نے خواہ مخواہ اپنے آپ کو بھوک پیاس اور رت جگے کی تکلیف دی۔

قرآن اور حدیث دونوں میں اس بات کو صاف صاف واضح کر دیا گیا ہے۔ قرآن میں فرمایا گیا ہے کہ روزے تم پر اس لئے فرض کئے گئے ہیں کہ تمہارے اندر تقویٰ کی صفت پیدا ہو۔ حدیث میں نبی صلی للہ علیہ وسلم نے فرمایا کہ جس نے جھوٹ بولنا اور جھوٹ پر عمل کرنا نہ چھوڑا اس کا پانی اور کھانا چھڑوا دینے کی خدا کو کوئی حاجت نہیں۔ نیز آنحضور صلی للہ علیہ وسلم نے فرمایا: بہت سے روزہ دار ایسے ہیں جو روزے سے بھوک پیاس کے سوا کچھ نہیں پاتے۔

***

سحری اور افطار کے مسائل

کفایت اللہ سنابلی

سحری کے مسائل

عَنْ أَنَسِ بْنِ مَالِكٍ رَضِيَ اللَّهُ عَنْهُ، قَالَ: قَالَ النَّبِيُّ صَلَّى اللَّهُ عَلَيْهِ وَسَلَّمَ: «تَسَحَّرُوا فَإِنَّ فِي السَّحُورِ بَرَكَةً» [صحيح البخاري، رقم ۱۹۲۳]۔

صحابی رسول انس بن مالک رضی اللہ عنہ سے روایت ہے کہ اللہ کے رسول صلی اللہ علیہ وسلم نے فرمایا: سحری کیا کرو کیونکہ سحری میں برکت ہے۔

سحری کی برکت:

اس حدیث میں اللہ کے نبی صلی اللہ علیہ وسلم نے سحری کو برکت قرار دیا ہے، ایک دوسری حدیث میں اللہ کے نبی صلی اللہ علیہ وسلم نے اسے "الغداء المبارک" بابرکت کھانا کہا ہے۔ [أبو داود ۲۳۴۴ حسن]

ایک اور حدیث میں اللہ کے نبی صلی اللہ علیہ وسلم فرماتے ہیں:

إِنَّهَا بَرَكَةٌ أَعْطَاكُمُ اللَّهُ إِيَّاهَا فَلَا تَدَعُوهُ،

یہ سحری برکت ہے، تمہارے رب کی طرف سے عطیہ ہے اس لئے اسے نہ چھوڑو [النسائی ۲۱۶۲ وصحه الالبانی]۔

حافظ ابن حجر رحمہ اللہ اس برکت کی تشریح کرتے ہوئے فرماتے ہیں:

۱: اس میں سنت کی پیروی ہے۔

۲: اہل کتاب کی مخالفت ہے۔

۳: اس سے عبادت پر قوت حاصل ہوتی ہے۔

۴: چستی میں اضافہ ہوتا ہے۔

۵: بھوک کی وجہ سے متوقع بد خلقی سے نجات مل جاتی ہے۔

۶: اگر سحری کے وقت کوئی سائل آجائے تو صدقہ کرنے کا موقع مل جاتا ہے۔

۷: قبولت دعاء کے اوقات میں ذکر و دعاء کا موقع مل جاتا ہے،

۸: شام کو کوئی روزہ کی نیت کرنا بھول گیا تو اسے نیت کرنے کا موقع مل جاتا ہے۔

[فتح الباري لابن حجر ۴/ ۱۴۰]

سحری کی فضیلت:

سحری یہ امت محمدیہ کی خصوصیت ہے، پہلی امتوں پر روزے تو فرض تھے مگر انہیں سحری کی سہولت میسر نہیں تھی، اللہ کے نبی صلی اللہ علیہ وسلم فرماتے ہیں:

"فَصْلُ مَا بَيْنَ صِيَامِنَا وَصِيَامِ أَهْلِ الْكِتَابِ، أَكْلَةُ السَّحَرِ"

"یعنی ہمارے روزوں اور اہل کتاب کے روزوں میں فرق سہری کھانا ہے"

[صحیح مسلم، رقم ۱۰۹۶]۔

بعض روایت میں آتا ہے کہ سحری کرنے والے پر اللہ اپنی رحمتیں نازل کرتا ہے اور فرشتے دعائیں کرتے ہیں، لیکن یہ روایت ضعیف ہے۔ (مسند احمد وغیرہ)۔

سحری کا حکم:

سحری کھانا مستحب ہے، واجب نہیں ہے، امام بخاری رحمہ اللہ نے باب قائم کیا ہے

"باب برکۃ السحور من غیر إیجاب؛ لأنّ النبي صلی اللہ علیہ وسلم وأصحابہ واصلوا، ولم یذکروا السحور"

یعنی "سحری کھانا باعث برکت اور مستحب ہے واجب نہیں کیونکہ نبی کریم اور آپ صلی اللہ علیہ وسلم کے اصحاب نے پے درپے روزے رکھے اور ان میں سحری کا ذکر نہیں ہے" [صحیح البخاري، قبل الرقم ١٩٢٢]۔

صحابي رسول قیس بن صرمۃ الأنصاري رضی اللہ عنہ نے رمضان میں بغیر افطار و سحری کے دوسرے دن کا روزہ رکھا، آپ صلی اللہ علیہ وسلم سے اس کا تذکرہ ہوا لیکن آپ صلی اللہ علیہ وسلم نے قضاء کا حکم نہیں دیا۔ [صحیح البخاري، رقم ١٩١٥]۔

امام نووی فرماتے ہیں:

"وَأَجْمَعَ الْعُلَمَاءُ عَلَى اسْتِحْبَابِهِ وَأَنَّهُ لَيْسَ بِوَاجِبٍ"

"یعنی اس بات پر اجماع ہے کہ سحری واجب نہیں ہے بلکہ مستحب ہے"

[شرح النووي علی مسلم ٧/ ٢٠٦]

سحری کا مستحب وقت:

سحری تاخیر سے کرنی چاہئے، زید بن ثابت رضی اللہ عنہ کہتے ہیں:

« تسحرنا مع النبي صلی اللہ علیہ وسلم، ثم قام إلی الصلاۃ »، قلت: کم کان بین الأذان والسحور؟" قال: « قدر خمسین آیۃ »

"نبی کریم صلی اللہ علیہ وسلم کے ساتھ ہم نے سحری کھائی، پھر آپ صلی اللہ علیہ وسلم صبح کی نماز کے لیے کھڑے ہوئے۔ میں نے پوچھا کہ سحری اور اذان میں کتنا فاصلہ ہوتا تھا تو انہوں نے کہا کہ پچاس آیتیں (پڑھنے) کے موافق فاصلہ ہوتا تھا"

[صحیح البخاري، رقم ١٩٢١]

امام نووی رحمہ اللہ فرماتے ہیں:

"فِيهِ الْحَثُّ عَلَى تَأْخِيرِ السُّحُورِ إِلَى قُبَيْلِ الْفَجْرِ"

"اس حدیث میں تاکید ہے کہ سحری کو مؤخر کرکے فجر سے کچھ وقت قبل کھانا چاہئے"۔ [شرح النووي على مسلم ۷/ ۲۰۸]

عبداللہ بن عباس رضی اللہ عنہ فرماتے ہیں کہ اللہ کے نبی صلی اللہ علیہ وسلم نے فرمایا:

"إنا معشر الأنبياء أمرنا أن نؤخر سحورنا، ونعجل فطرنا، وأن نمسك بأيماننا على شمائلنا في صلاتنا"

یعنی ہم انبیاء کو حکم دیا گیا ہے کہ ہم سحری دیر سے کریں اور افطار میں جلدی کریں اور نماز میں دائیں ہاتھ سے بائیں ہاتھ کو پکڑیں رہیں۔

[صحیح ابن حبان ۵/ ۶۷، رقم ۱۷۷۰]۔

تنبیہ:

اگر دیر سے سحری کرتے ہوئے کبھی کبھار اذان شروع ہوجائے تو کھانا فورا چھوڑنے کے بجائے اسے ختم کرکے اٹھنا چاہئے۔

ابوھریرہ رضی اللہ عنہ سے روایت ہے کہ اللہ کے رسول صلی اللہ علیہ وسلم نے فرمایا:

« إذا سمع أحدكم النداء والإناء على يده، فلا يضعه حتى يقضي حاجته منه »

یعنی تم میں سے جب کوئی (فجر) کی اذان سنے اور برتن اس کے ہاتھ میں ہو تو اسے رکھے نہیں بلکہ اپنی ضرورت پوری کرلے۔ [سنن أبي داود ۲۳۵۰ وصححہ الالبانی]

اس حدیث سے یہ بھی معلوم ہوا کے احتیاط کے نام پر تمام لوگوں کو پانچ دس منٹ

پہلے ہی سحری سے روکنا غلط ہے۔

سحری میں کھانے کی چیزیں:

سحری میں کھجور کھانا مستحب ہے، ابوہریرہ رضی اللہ عنہ روایت کرتے ہیں کہ اللہ کے نبی صلی اللہ علیہ وسلم نے فرمایا: "نعم سحور المؤمن التمر"

[أبو داود، رقم ۲۳۴۵ وصححہ الالبانی]۔

اس کے علاوہ جو بھی حلال رزق میسر ہو کھا سکتے ہیں، اگر کچھ بھی مہیا نہ ہو سکے تو ایک گھونٹ پانی ہی لینا چاہیے، صحابی عبداللہ بن عمرو کہتے ہیں کہ اللہ کے رسول صلی اللہ علیہ وسلم نے فرمایا:

"تسحروا ولو بجرعة من ماء"

"سحری کرو خواہ ایک گھونٹ پانی ہی سے کیوں نہ ہو" [صحیح ابن حبان ۳۴۷۶]

تنبیہ:

اگر باجماعت نماز پڑھنے والے حضرات سحری تاخیر سے کریں تو اس میں کچی پیاز اور کچا لہسن استعمال نہ کریں کیونکہ جماعت کے لئے مسجد جانا ہوگا اور مسجد میں یہ چیزیں کھا کر آنا منع ہے۔

کچھ لوگ تمباکو نوشی کے عادی ہوتے ہیں، یہ چیز تو تمام اوقات میں ناجائز ہے لیکن سحری میں اس کے استعمال سے اس کی قباحت اور بڑھ جاتی ہے کیونکہ اس کی بدبو پیاز اور لہسن کی بدبو سے بھی زیادہ ناپسندیدہ ہے۔

افطار کے مسائل

عَنْ سَهْلِ بْنِ سَعْدٍ: أَنَّ رَسُولَ اللَّهِ صَلَّى اللهُ عَلَيْهِ وَسَلَّمَ، قَالَ: « لَا يَزَالُ النَّاسُ بِخَيْرٍ مَا عَجَّلُوا الفِطْرَ »

سہل بن سعد رضی اللہ عنہ سے روایت ہے کہ رسول اللہ صلی اللہ علیہ وسلم نے فرمایا، میری امت کے لوگوں میں اس وقت تک خیر باقی رہے گی، جب تک وہ افطار میں جلدی کرتے رہیں گے۔ [صحيح البخاري، رقم۱۹۵۷]۔

افطار کا حکم:

افطار کرنا مستحب ہے واجب نہیں، صحابی رسول قیس بن صرمة الأنصاري رضی اللہ عنہ نے رمضان میں بغیر افطار و سحری کے دوسرے دن کا روزہ رکھا، آپ صلی اللہ علیہ وسلم سے اس کا تذکرہ ہوا لیکن آپ صلی اللہ علیہ وسلم نے قضاء کا حکم نہیں دیا اور نہ اسے غلط کہا۔ [صحيح البخاري، رقم۱۹۱۵]۔

افطار میں جلدی کرنا:

پیش کردہ حدیث سے معلوم ہوا کہ افطار میں جلدی کرنا چاہیے، لہٰذا جو لوگ احتیاط کے نام پر تاخیر کرتے ہیں درست نہیں، اللہ کے نبی صلی اللہ علیہ وسلم بھی افطار میں جلدی کرتے تھے۔ [صحیح مسلم، رقم۱۰۹۹]۔

صحابی رسول ابوہریرہ رضی اللہ عنہ فرماتے ہیں کہ اللہ کے رسول صلی اللہ علیہ وسلم نے فرمایا:

"عَجِّلُوا الْفِطْرَ؛ فَإِنَّ الْيَهُودَ يُؤَخِّرُونَ"

"افطار میں جلدی کرو کیونکہ یہودی افطار میں تاخیر کرتے ہیں"

[ابن ماجه ١٦٩٨، حسن]۔

افطار کی دعاء(ذکر):

بسم اللہ کہہ کر افطار کرنا چاہئے، اس موقع پر پڑھے جانے والے کلمات:

"اللّٰھُمَّ لَکَ صُمتُ، وَعَلَی رِزْقِکَ أَفْطَرتُ" [سنن أبي داود ٢٣٥٨]

اوراس جیسے دیگر اذکار و کلمات ثابت نہیں ہیں۔

سامان افطار:

انس بن مالک رضی اللہ عنہ کہتے ہیں کہ:

«کَانَ رَسُولُ اللّٰہِ صَلَّی اللّٰہُ عَلَیہِ وَسَلَّمَ یُفطِرُ عَلَی رُطَبَاتٍ قَبلَ أَن یُصَلِّيَ، فَإِن لَم تَکُن رُطَبَاتٌ، فَعَلَی تَمَرَاتٍ، فَإِن لَم تَکُن حَسَا حَسَوَاتٍ مِن مَاءٍ»

"اللہ کے رسول صلی اللہ علیہ وسلم تازہ کھجوروں سے افطار کرتے تھے اگر یہ میسر نہ ہوتیں تو چھوہاروں سے افطار کرتے یہ بھی نہ ہوتی تو پانی کے چند گھونٹ پی لیا کرتے تھے"

[سنن أبي داود، رقم ٢٣٥٦، صحیح]

مخلوط پانی یعنی شربت وغیرہ کا استعمال بھی درست ہے، امام بخاری رحمہ اللہ نے باب قائم کیا ہے:

"یُفطِرُ بِمَا تَیَسَّرَ مِنَ المَاءِ، أَو غَیرِہِ"

"پانی وغیرہ جو چیز بھی پاس ہو اس سے روزہ افطار کر لینا چاہئے"

[صحیح البخاري، قبل الرقم ١٩٥٦]

پھر اس کے تحت ایک حدیث ذکر کی جس میں ہے:

« انزِل فَاجدَح لَنَا »

"یعنی سواری سے اترو اور ہمارے (افطار) کے لئے ستو گھولو"

[صحیح البخاري،١٩٥٦]

جن چیزوں سے افطار ثابت نہیں:

١) نمک سے افطار کرنا ثابت نہیں، کسی بھی روایت میں اس کا ذکر نہیں۔

٢) دودھ سے افطار کرنا بھی صحیح حدیث سے ثابت نہیں اور رہی یہ روایت:

"كان يستحب إذا أفطر أن يفطر على لبن، فإن لم يجد فتمر، فإن لم يجد حسا حسوات من ماء" [رواه ابن عساكر (٢/ ٣٨١/ ١)، والضياء في "المختارة" (١/ ٤٩٥)]۔

تو یہ ضعیف ہے دیکھئے: الضعیفۃ رقم ٤٢٦٩۔

٣) آگ سے پکی ہوئی چیزوں سے افطار میں پرہیز ثابت نہیں، اور رہی یہ روایت:

"عَنْ أَنَسٍ، قَالَ: كَانَ النَّبِيُّ صَلَّى اللهُ عَلَيْهِ وَسَلَّمَ «يُحِبُّ أَنْ يُفْطِرَ عَلَى ثَلَاثِ تَمَرَاتٍ أَوْ شَيْءٍ لَمْ تُصِبْهُ النَّارُ" [مسند أبي يعلى الموصلي ٦/ ٥٩]۔

تو یہ روایت سخت ضعیف ہے دیکھئے الضعیفہ رقم ٩٩٦۔

تنبیہ:

باجماعت نماز پڑھنے والے حضرات افطار میں کچی پیاز اور کچا لہسن استعمال نہ کریں کیونکہ جماعت کے لئے مسجد جانا ہوگا اور مسجد میں یہ چیزیں کھا کر آنا منع ہے۔

کچھ لوگ تمباکو نوشی کے عادی ہوتے ہیں، یہ چیز تو تمام اوقات میں ناجائز ہے لیکن افطار میں اس کے استعمال سے اس کی قباحت اور بڑھ جاتی ہے کیونکہ اس کی بدبو پیاز اور لہسن کی بدبو سے بھی زیادہ ناپسندیدہ ہے۔

غیر مسلم کی طرف سے افطار:

اگر غیر مسلم حلال اور پاک چیز افطار کے لئے بھیجے تو جس طرح اس کی عام دعوت قبول کرنا جائز ہے اسی طرح اس کی افطار کی دعوت بھی قبول کرنا جائز ہے لیکن سیاسی

افطار پارٹیوں کا معاملہ الگ ہے اس میں بڑی قباحتیں ہیں اس لئے اس سے پرہیز ہی بہتر ہے خواہ یہ نام نہاد مسلمانوں ہی کی طرف سے کیوں نہ ہو۔

افطار کے بعد ذکر:

افطار کے بعد درج ذیل کلمات پڑھنا چاہیے:

« ذَهَبَ الظَّمَأُ وَابْتَلَّتِ الْعُرُوقُ، وَثَبَتَ الأَجْرُ إِنْ شَاءَ اللَّهُ »

"پیاس بجھ گئی، رگیں تر ہو گئی، اور اللہ نے چاہا تو اجر بھی ثابت ہو گیا"

[سنن أبي داود ۲۳۵۷، صحیح]

* * *

صدقہ فطر - ایک پسندیدہ عمل

عبدالمعید ازہری

جی ہاں! صدقہ اللہ کے نزدیک بے حد پسندیدہ عمل ہے اور رمضان کے مہینہ میں اس کی اہمیت، فضیلت اور قدر و قیمت مزید بڑھ جاتی ہے۔ اللہ تعالیٰ نے اپنے پسندیدہ اور محبوب رسول، اہل بیت اور ان کے جاں نثار صحابہؓ کے ذریعہ اس عمل خیر کو بہت اچھی طرح واضح کیا ہے ، جو عدیم المثال ہے۔ اس عمل کی مقبولیت اور رب کے نزدیک پسندیدگی اس لئے بھی اور بڑھ جاتی ہے کہ رمضان میں مسلمانوں کے لئے مہمان ہے جو سال میں ایک مہینہ کے لئے آتا ہے اور پورے سال کی خوشیوں کی سوغات دے کر جاتا ہے۔ یہ صدقہ، خیرات اس مہمان خاص کا تقاضہ اور اس کو خوش رکھنے کا ذریعہ ہے جس کے بدلہ میں اللہ تعالیٰ اپنی رحمت کے دروازے بے حساب کھول دیتا ہے کیونکہ جب وہ دیتا ہے تو بے حساب دیتا ہے بلکہ سچ تو یہ ہے کہ وہ ہمہ وقت نوازشات اور عطاؤں کی برسات کرنا چاہتا ہے لیکن بندہ اس کے لئے کوشاں تو ہو یا کم از کم دامن تو پھیلائے اور اس ماہ مبارک کا خیر مقدم ان ہی کوششوں اور کاوشوں میں سے ایک ہے۔ تو نیند سے جاگئے اور غفلت سے بیدار ہو جایئے کہیں رحمت سے محروم نہ ہو جائیں۔ خوب آؤ بھگت کیجئے اس مہمان کی، اس کے تقاضے پورے ہوگئے تو ایسی انعام و اکرام کی بارش ہوگی کہ

سالہا سال اس سے سیر اب ہوتے رہیں گے۔ اور مہمان نوازی میں ہم کہاں پیچھے رہے ہیں۔ دنیانے ہماری مہمان نوازی کی مثالیں دی ہیں بلکہ آج بھی دے رہی ہے اور ایک بے مثل تاریخ لکھی ہے ہم نے۔ ہم نہ اس سے کبھی گھبرائے ہیں اور نہ ہی ہمیں گھبرانا ہے۔، ہاں ہم کبھی کبھی تھوڑی غفلت کا شکار ہو جاتے ہیں مگر اس مہمان نے ہمیں جگا دیا ہے۔ ویسے مانگا ہی کیا ہے اس مہمان نے ہم سے ؟ صدقہ خیرات !تو کون ساخود لے رہا ہے، لے بھی تو ہم ہی رہے ہیں۔ واہ رے رحمت خداوندی: خود بھیک دیں اور خود کہیں منگتے کا بھلا ہو۔ صدقہ کرنے سے ایک تو اعزا، اقرباء، غربا، مساکین کی مدد ہو جاتی ہے جس سے ان کے دل سے تمہارے لئے دعا نکلتی ہے جو سیدھے باب اجابت سے ٹکراتی ہے اور آن میں مشکلیں حل ہو جاتی ہیں:

دل سے جو بات نکلتی ہے اثر رکھتی ہے
پَر نہیں طاقتِ پرواز مگر رکھتی ہے

یہ جو کبھی اچانک ہماری مشکلیں، مصیبتیں، پریشانیاں، آفات و بلیلات ٹل جاتی ہیں۔ یہ کچھ اور نہیں ہمارے انہیں اعمال کا صلہ ہیں۔ روایت میں تو یہاں تک آیا ہے کہ صدقہ جان ومال کی حفاظت کا سامان ہے۔ اس صدقہ سے مخلوق خوش ہوتی ہے اور مخلوق خدا کی غم گساری میں رب کی رضا و خوشنودی ہے اور رب کی خوشی سے بڑھ کر کوئی اور نعمت نہیں ہو سکتی۔ صدقہ سے صرف دوسری مخلوق ہی خوش نہیں ہوتی بلکہ ایک گونہ خود کی بھی تسلی، تشفی اور اطمینان قلب و روح کا ذریعہ ہے۔ آج کی اس تیز رفتار زندگی میں انسان کے پاس بے بہا دولت وثروت تو ہے، آسمان کو چومتی ہوئی بلند سے بلند تر فلک بوس عمارتیں تو ہیں، انسان مادیات سے نکل کر ترقیات کی وسیع تر دنیا میں قدم رکھا ہی نہیں بلکہ جما چکا لیکن پھر بھی اس کی زندگی سکون سے خالی ہے، اس کی روح اور اس کا دل

اطمینان کا متمنی ہے جو اسے میسر نہیں کیونکہ دنیا کی کسی بھی دولت سے اس کی تجارت نہیں ہو سکتی، مگر اسی دولت سے اسے حاصل ضرور کی جاسکتی ہے اور وہ صدقہ و خیرات ہے، بزرگوں کا روایتی قول ہے: اگر گھمنڈ اور تکبر کی دیوار توڑنا چاہتے ہو تو غریبوں، مسکینوں اور اپنے سے چھوٹوں کو سلام کرو اور اگر قلب و روح کی تسکین چاہتے ہو تو صدقہ کرو۔

یہاں ایک بات اور عرض کردوں کہ لوگوں کو بڑی شکایت رہتی ہے کہ اب فقیر کہاں رہے اور انہیں تلاش کرنیکہاں جائیں، یہ سوچ کر صدقہ کا ارداہ ترک کر دیا۔ صدقہ و خیرات کے لئے گھر میں انتظار یا بازار میں باقاعدگی سے تلاش کی ضرورت نہیں، کیونکہ ضرورت کا سرٹیفکیٹ نہیں ہوتا اور خاص طور پر اس وقت اسے پہچاننا مشکل ہو جاتا ہے جب ضرورت مند خوددار ہو۔ کبھی کبھی ضرورت ہمارے دروازے پر ہوتی ہے اور ہم اسے محلہ میں تلاش کر رہے ہوتے ہیں یعنی کبھی کبھی ضرورت مند ہمارے اپنے بھائی بند، رشتہ دار، دوست احباب، قریبی پڑوسی بھی ہو سکتے ہیں لیکن شرم، عزت نفس، اور خودداری کی وجہ سے اس کا اظہار نہیں کر پاتے، ان کی آنکھیں فریاد کرتی ہیں، ان کا چہرہ احتیاج کی داستان بیان کرتا ہے۔ ضرورت بھی ایک جیسی نہیں رہتی اس کی الگ الگ صورتیں ہوتی ہیں لہذا صدقہ کا مطلب صرف پیسہ خرچ کرنا نہیں۔ کسی کو آپ کے عملی سہارے کی ضرورت ہے، کسی کو آپ کی محض موجودگی کی ضرورت ہے، کسی کو آپ سے ایک محبت بھری نگاہ سے دیکھ بھر لینے کی ضرورت ہے۔ صدقہ کی صورت انسان کے قدرت و اختیارات اور اس کی حالت اور پوزیشن سے بدلتی رہتی ہے، وقت کی ضرورت کو پورا کرنا ہی صدقہ ہے۔ یہ اللہ رب العزت کا بڑا کرم ہے کہ اس نے قسم قسم کے اعمال کو صدقہ میں شمار کر کے عظیم احسان کیا۔ آپ راستہ میں جارہے ہیں کسی بزرگ کو راستہ پار

کرادیا صدقہ ہے۔ آپ بس میں سفر کر رہے ہیں سیٹ پر بیٹھے ہیں یہ آپ کا حق ہے لیکن کوئی اور تم سے زیادہ ضرورت مند دکھائی دیا اور تم اس کو جگہ دے سکتے ہو تو صدقہ ہے۔ آپ کے یہاں مزدور کام کر رہے ہیں شام کو کام ختم ہوا مسکرا کر شکریہ ادا کرتے ہوئے ان کی اجرت ادا کر دی صدقہ ہے، میں تو قربان رب کی عنایتوں پر کہ ایک مومن کو مسکرا کر دیکھ لیا صدقہ ہے، اپنے ماں باپ کی زیارت کر لی صدقہ اپنے بچوں کو پیار دلار کیا صدقہ ہے۔ یہ تو انعامات کی بارش ہو رہی ہے جو بے بہا اور بے حساب بس ہوتی جا رہی ہے۔ تو مسلمانو! جاگو اس سے پہلے کہ تم اپنے آپ پر رحمت کا دروازہ بند کر لو اور بارش کی بوندوں کو سمونے کے لئے تمہارے کپڑے اتنے باریک ہو جائیں کہ ایک بوند تک نہ سنبھال پائیں۔

مہمان ابھی گھر میں ہے خوب خدمت کرو کہ تم نے ایسا کیا ہے۔ سخاوت کے جوہر دنیا نے تم سے سیکھے ہیں، ایثار اور قربانی کیا ہے یہ تم نے دنیا کو بتایا ہے۔ گھر بار مال و دولت، منصب و تجارت کے حصہ کرتے ہوئے تاریخ نے تمہارا مشاہدہ کیا ہے، اور وہ تم ہی ہو جس کے ایک عمل پر تو تاریخ خود حیران ہو گئی جب تم نے اپنے مہاجرین بھائیوں کے لئے اپنے گھروں کو خالی کر دیا۔ اے مسلمانو! جاگو! جاگو اس سے پہلے کہ اپنے پیر پر کلہاڑی نہیں بلکہ پیر کو کلہاڑی پر مار لو۔

***

اعتکاف کی فضیلت

–

للہ کے فضل و کرم سے پہلا عشرہ رحمت اختتام کو پہنچ چکا ہے اور دوسرا عشرہ مغفرت جس کا آدھے سے زائد حصہ مکمل ہو چکا ہے اب بقیہ دنوں میں ہم کو چاہئے کہ اپنے گناہوں کی مغفرت طلب کریں اور اس دعا کو کثرت سے پڑھتے رہیں رب اغفرر وارحم وانت خیر الراحمین۔ تاکہ اس کے ذریعہ ہمارے گناہوں کی بخشش ہو جائے۔ اب اس کے بعد کا عشرہ جو کہ عشرہ عشق من النار ہے، شروع ہونے والا ہے جس میں مختلف عبادتیں، دعائیں اور دوزخ سے چھٹکارا حاصل کرنا ہے اور اس عشرہ اخیرہ کے حساب فضائل ہیں جس میں ایک یہ ہے کہ اس میں ایسی پانچ طاق راتیں ہیں جس میں شب قدر مخفی ہے اور وہ پانچ طاق راتیں ان تاریخوں میں مضمر ہیں یعنی وہ اکیسویں، تے ئیسویں، پچیسویں، ستائیسویں اور انتیسویں شب ہیں ان میں ہم سب کو قدر والی رات کو تلاش کرنا ہے یہ جس کسی کو مل جائے وہ بڑا ہی خوش نصیب شخص ہے۔ اس عشرہ اخیر کی ایک اور اہم عبادت ہے جس کو اعتکاف کہا جاتا ہے۔

فضیلت اعتکاف بحوالہ کلام الٰہی

* "اور ہم نے حضرت ابراہیم و اسماعیل (علیہما السلام) کو تائید فرمائی ہے کہ میرے

گھر کا طواف کرنے والوں اور اعتکاف کرنے والوں اور رکوع و سجود کرنے والوں کیلئے پاک وصاف کر دو"۔

(سورہ بقرہ:۱۲۵)

* "پھر روزہ رات تک پورا کرو، اور عورتوں سے اُس دوران شب باشی نہ کیا کرو جب تم مسجد میں اعتکاف بیٹھے ہو"

(سورہ بقرہ۱۸۷)

* "اردو آپ ان لوگوں کے ساتھ رہیئے جو اپنے رب کو صبح و شام یاد کرتے رہتے ہیں"۔

(الکہف،۲۸)

فضیلت اعتکاف بحوالہ کلام رسول

* "حضرت سیدنا عائشہ صدیقہ رضی للہ تعالیٰ عنہا سے مروی ہے کہ حضور نبی کریم علیہ الصلوۃ والسلام رمضان المبارک کے آخری دس دن اعتکاف کیا کرتے تھے یہاں تک کہ للہ تعالیٰ کے حکم سے آپ علیہ السلام کا وصال ہو گیا۔ پھر آپ علیہ السلام کے بعد آپ کی ازواج مطہرات نے بھی اعتکاف کیا ہے۔ (بخاری، مسلم)۔ * حضرت ابی بن کعب رضی للہ تعالیٰ عنہ سے روایت ہے کہ حضور نبی کریم صلی للہ علیہ وسلم ہر سال دس دن کا اعتکاف فرماتے تھے، ایک مرتبہ سفر پیش آگیا تو اگلے سال بیس دن کا اعتکاف فرمایا"۔

(ابن ماجہ)۔

* "حضرت ابن عباس رضی للہ تعالیٰ عنہما سے روایت ہے کہ رسول للہ صلی للہ علیہ وسلم نے متعکف کے بارے میں فرمایا ہے: وہ گناہوں سے رکا رہتا ہے، اس کیلئے ایسی نیکیاں لکھی جاتی ہیں جو تمام نیک عمل کرنے والوں کیلئے لکھی جاتی ہیں"۔

(ابن ماجہ)۔

* "حضرت عبداللہ بن عباس رضی اللہ تعالیٰ عنہ سے روایت ہے کہ حضور نبی کریم صلی اللہ علیہ وسلم نے فرمایا:"جو شخص اللہ تعالیٰ کی رضامندی کیلئے سچے دل کے ساتھ ایک دن کا اعتکاف بیٹھے اللہ تعالیٰ اس کے اور دوزخ کے درمیان تین خندقوں کا فاصلہ کر دیتا ہے، ہر قندق مشرق سے مغرب کے درمیانی فاصلہ سے زیادہ لمبی ہے"۔

(طبرانی)۔

اعتکاف کے احکام:

مسجد میں عبات کی نیت سے ٹھہرنے کا نام اعتکاف ہے۔ اعتکاف کا احادیث میں بہت ثواب آیا ہے۔ "جیسا کہ حضرت علی بن حسین رضی اللہ عنہما اپنے والد سے روایت کرتے ہیں کہ حضرت نبی کریم علیہ الصلوۃ والسلام فرماتے ہیں متعکف گناہوں سے باز رہتا ہے اور نیکیوں سے اسے اس قدر ثواب ملتا ہے کہ گویا اس نے تمام نیکیاں کیں۔ نیز فرمایا کہ اس نے رمضان میں دس دن کا اعتکاف کر لیا تو گویا اس نے دو حج اور دو عمرے کئے"۔

(طبرانی بیہقی)۔

اعتکاف کی شرطیں یہ ہیں مسلمان ہونا، عاقل ہونا، جنابت اور حیض و نفاس سے پاک ہونا، مسجد میں اعتکاف کرنا اور اعتکاف کی نیت کرنا۔

معتکف کو قرآن مجید کی تلاوت، دینی کتب کا مطالعہ، درود شریف کی کثرت اور نیک اور اچھی باتوں میں مشغول رہنا چاہیئے۔ (تنبیہ: بالکل خاموش رہنا یا لغو باتیں کرنا مکروہ ہے۔)

بحالت اعتکاف مسجد میں کھانا، پینا، سونا اور حاجت کی چیزیں خریدنا۔ (بشرطیکہ مسجد کے اندر نہ ہو) اور نکاح کرنا جائز ہے۔

اعتکاف - مجاہدہ کی افضل ترین شکل

مولانا سید صادق انواری اشرفی

وصال حق و معرفت الٰہی کے لئے اللہ کے بعض بندے اپنی زندگی کو مجاہدات اور مختلف مشقتوں میں ڈالتے رہتے ہیں اور بعض بندے حصول مقصد کی فکر میں افراط و تفریط کا شکار ہو جاتے ہیں جیسا کہ سابقہ امتوں میں رہبانیت کا شیوہ رہا ہے وہ لوگ وصال محبوب کی خاطر دنیوی علائق سے دستبردار ہو کر جنگلوں اور ویرانوں کا رخ کیا۔ بیوی بچوں اور معاشرتی زندگی کی دیگر مصروفیات سے منہ موڑ کر غاروں اور خلوتوں کی تنہائیوں میں ڈیرہ لگایا اور وہیں وہ کثرت عبادت و مجاہدہ بلکہ نفس کشی کے ذریعہ وصال حق کی جستجو کرنے لگے۔ قرآن پاک نے سورہ حدید میں ان کے اس تصور کو رہبانیت کے نام سے موسوم کیا ہے لیکن جب سرکار دو عالم ﷺ اسلام دین فطرت لے کر کائنات میں تشریف لائے اور قرآن کی صورت میں اللہ تعالیٰ کا آخری پیغام پہنچایا تو فرمایا لا رہانیۃ فی الاسلام اسلام میں رہبانیت نہیں ہے۔ اور جس طرح سود کے بدلے قرض حسنہ، نشہ شراب کے بدلے نشہ شراب عشق الٰہی عطا فرمایا اسی طرح رہبانیت کے بدلے اعتکاف جیسی عبادت عطا فرمایا۔ یعنی عبادت کی نیت سے اللہ تعالیٰ کے لئے مسجد میں ٹھہرنے کا نام اعتکاف ہے جس کی تین قسمیں ہیں۔

(ا) اعتکاف واجب: کسی نے یہ منت مانی کہ میرا فلاں کام ہو جائے تو میں ایک یا دو دن کا اعتکاف کروں گا اور اس کا کام ہو گیا۔ یہ اعتکاف کا کرنا اس پر واجب ہو گیا اس کو پورا کرنا ضروری ہے اس اعتکاف واجب کے لئے روزہ شرط ہے بغیر روزہ کے اعتکاف

واجب صحیح نہیں ہے۔

(۲) اعتکاف سنت موکدہ علی الکفایہ: یہ اعتکاف رمضان المبارک کے آخری دس دنوں میں کیا جاتا ہے یعنی بیسویں رمضان کو سورج غروب ہونے سے پہلے اعتکاف کی نیت سے مسجد میں داخلہو جائے انتیسویں رمضان کو چاند نظر آنے کے بعد یا تیسویں رمضان کو سورج ڈوبنے کے بعد مسجد سے نکلے۔ یہ اعتکاف سنت موکدہ کفایہ ہے یعنی اگر محلہ میں ایک آدمی بھی اعتکاف کرلیا تو سب آخرت کے مواخذہ سے بری ہو جائیں گے۔ اس اعتکاف کے لئے بھی روزہ شرط ہے۔

(۳) اعتکاف مستحب: یہ ہے کہ جب کبھی مسجد میں داخل ہو تو اعتکاف کی نیت نَویت سُنَّۃ الِاعتِکَاف۔ کرے یا دل میں اعتکاف کا خیالکرے۔ جتنی دیر مسجد میں رہیں گے اعتکاف کا ثواب مل جائے گا۔ لیکن یہاں رمضان کے اعتکاف کے بارے میں تحریر کرنا ہے۔ رمضان کے اعتکاف کا مقصد تلاش شب قدر ہے اس لئے رمضان کے آخری ایام کا اعتکاف سنت قرار دیا گیا۔ نبی اکرم صَلَّی اللّٰہُ عَلَیْہِ وَسَلَّم کو جب تک اللہ تعالیٰ نے شب قدر کے تعین سے آگاہ نہیں فرمایا تب آپ صَلَّی اللّٰہُ عَلَیْہِ وَسَلَّم اس کی تلاش کے لئے یا امت کو اس کے تلاش و جستجو کی تعلیم کے لئے پورا رمضان اعتماف کرتے تھے لیکن جب آگاہ فرمایا گیا تو وحاصل مبارک تک آپ صَلَّی اللّٰہُ عَلَیْہِ وَسَلَّم صرف آخری عشرہ کا اعتکاف فرماتے رہے۔

***

زکوۃ اور اس کے فائدے

حافظ ابوالفیض خلیلی

قرآن مجید میں نماز کے ساتھ ساتھ زکوۃ کا ذکر ۸۲ مقامات پر آیا ہے۔(مظاہر حق، ترجمہ مشکوۃ از نواب قطب الدین خان دہلوی) چنانچہ اقیموا الصلوۃ و اٰتوالزکوۃ سے پورا قرآن بھرا ہوا ہے اس کے علاوہ مسلمانوں کے اوصاف جہاں جہاں بیان کئے گئے ہیں وہاں بھی یقیمون الصلوۃ ویوتون الزکوۃ آیا ہے رسول اللہ ﷺ نے زکوۃ کو اسلام کے بنیادی ارکان میں شمار فرمایا ہے۔ آپؐ کا ارشاد ہے کہ اسلام کی بنیاد پانچ چیزوں پر ہے (۱) اس بات کی گواہی دینا کہ اللہ کے سوا کوئی معبود نہیں۔(۲) نماز قائم کرنا(۳) زکوۃ دینا(۴) حج کرنا۔(۵) رمضان کے روزے رکھنا۔ آپؐ سے پوچھا گیا کہ اسلام کیا ہے آپ نے جواب دیا کہ اللہ کی عبادت کرو اور اس کے ساتھ کسی کو شریک نہ ٹھہراؤ، فرض نماز قائم کرو، زکوۃ ادا کرو، اور رمضان کے روزے رکھو۔ حضرت ضمان بن ثعلبہؓ نے رسول اللہؐ سے دریافت کیا کہ میں آپ سے قسم دلا کر پوچھتا ہوں کہ اللہ تعالیٰ نے آپ کو اس کا حکم دیا کہ آپؐ ہمارے اغنیا سے زکوۃ حاصل کریں اور فقراء میں تقسیم کردیں۔ آپؐ نے فرمایا ہاں بالکل۔

اس موضوع پر اتنی زیادہ حدیثیں ہیں کہ جن کا شمار کرنا ناممکن ہے وہ حد تواتر تک

پہنچ گئی ہیں اور امت کا اس پر اجماع ہے کہ زکوۃ نماز کے ساتھ لازم وملزوم ہے۔ اسلام نے جو زکوۃ مسلمانوں پر فرض کی ہے وہ ہمدردی، غمخواری اور حسن سلوک کی کم سے کم حد ہے۔ یہ ایسا فریضہ ہے جس سے روگردانی اللہ تعالیٰ کو کسی صورت میں منظور نہیں۔ اسلامی شریعت نے نہایت جزم اور سختی کے ساتھ اس کا مطالبہ کیا اور اس کو اسلامی شریعت میں مسلمانوں کا شعار اور دین کے بنیادی ارکان میں سے قرار دیا جیسا کہ قرآن مجید میں ۃ ے۔ مفہوم: لیکن اگر وہ توبہ کرلیں اور نماز کے پابند ہو جائیں اور زکوۃ دینے لگیں تو وہ دین میں تمہارے بھائی ہو جائیں گے (سورہ توبہ) جو اس کا منکر ہو گا یا اس کی ادائیگی سے جان بوجھ کر روگردانی کرے گا وہ اسلام کے دائرہ سے خارج اور جمہور امت سے علیحدہ سمجھا جائے گا۔

زکوۃ کی اہمیت: زکوۃ کی اسلام کے اندر کس قدر اہمیت ہے اس کا اندازہ عہد صدیقی کے اس واقعہ سے معلوہو تا ہے کہ جب رسول اللہؐ کی وفات کے بعد کچھ قبائل جو نئے مسلمان ہوئے تھے انہوں نے زکوۃ دینے سے انکار کر دیا تھا حالات کی نزاکت کو دیکھ کر حضرت عمرؓ اور دیگر صحابہؓ نے مصالحانہ رویہ اپنانا مناسب سمجھا مگر حضرت ابو بکر صدیقؓ کے جوش ایمانی نے اس کو گوارہ نہیں کیا کہ دین کے بنیادی ارکان میں اس طرح من مانی کرنے کی اجازت دیدیں۔ انہوں نے فرمایا:

اینقص الدین وانا حی۔

کیا میرے جیتے جی دین میں کتربیونت کی جائے گی۔ خدا کی قسم ایک رسی کا ٹکڑا جسے وہ لوگ حضور اکرم صَلَّی اللّٰہُ عَلَیْہِ وَسَلَّم کے زمانے میں دیتے تھے اگر اب نہیں دیں گے تو اس کے لئے بھی ان سے جہاد کروں گا۔ (مشکوۃ شریف) اور زکوۃ کی اہمیت اس حدیث سے معلوم ہوتی ہے کہ رسول اللہؐ نے فرمایا کہ زکوۃ اسلام کا پل ہے۔

زکوۃ کا مقصد: زکوۃ کا اصل مقصد بظاہر تو یہ ہے کہ غربا اور مساکین کی امداد ہو سکے اور آپس میں میل محبت پیدا ہو اور دوسری چیز یہ کہ سوسائٹی کا معیار معیشت معیار مطلوب سے نیچے نہ گرنے پائے۔ لیکن اگر اس کی باطنی حیثیت پر غور کیا جائے تو معلوم ہوتا ہے کہ زکوۃ کے متعین کرنے کا اولین اور سب سے بڑا اجتماعی مقصد یہ ہے کہ اس سے منکرات و مفاسد کا ازالہ ہوتا ہے۔ یہ چیز ہر شخص جانتا ہے کہ بخل، حرص و طمع، اور تنگ دلی اور حرام مال کا کمانا، انسانیت کی پستی اور تباہی کے پیش خیمے ہیں، ان سب کا بہترین اور موثر علاج اس کے سوا اور کچھ نہیں ہو سکتا کہ انسان دنیاوی مال و متاع کی محبت اپنے دل سے ختم کر کے آخرت کا فکر مند بنے اور زکوۃ پر التزام کے ساتھ عمل کرتا رہے جب تک انسان اپنے محبوب مال و دولت کو اللہ تعالیٰ کے حکم کے مطابق خرچ نہ کرے گا اس وقت تک ہدایت اس سے پوری طرح وابستہ نہیں ہوگی۔ زکوۃ اور اللہ کے دیگر احکام کو جب کوئی بندہ پوری مستعدی سے ادا کرتا ہے تو اللہ تعالیٰ اس کے دل کو ہر نیک کاموں کی طرف مائل کر دیتا ہے اور اس کے دل سے تمام برائیاں بھی ختم کر دیتا ہے اور جب زکوۃ کا اثر ہیئت اجتماعیہ پر پڑنے لگے تو پھر نہ صرف انسان انفرادی رذائل سے نجات پا سکتا ہے بلکہ اجتماعی مفاسد سے اسے نجات مل سکتی ہے کیونکہ اس دنیائے فانی میں دو ہی چیزیں عام طور پر ہلاکت و بربادی کا سبب بنتی ہیں مال اور اولاد۔ ارشاد ربانی ہے۔ مفہوم: مال اور بیٹے رونق ہیں دنیا کی زندگی میں اور باقی رہنے والی نیکیوں کا بہتر بدلا ہے تیرے رب کے پاس اور بہتر ہے توقع۔ (سورہ کہف، آیت ۴۶)

زکوۃ کے دنیوی فائدے: زکوۃ کا اجر و ثواب اور اللہ تعالیٰ کی طرف سے انعام آخرت میں ملے گا اس کے علاوہ اس دنیوی زندگی میں بھی اس سے بڑے فائدے حاصل ہوتے ہیں مثلاً یہ کہ زکوۃ ادا کرنے والے مومن کا دل بڑا خوش اور مطمئن رہتا ہے،

غریبوں کو حسد نہیں ہوتا بلکہ وہ اس کی بہتری چاہتے ہیں اس کے لئے دعائیں کرتے ہیں اوراس کی طرف محبت کی نگاہوں سے دیکھتے ہیں۔ عام دنیا کی نظروں میں بھی ایسے شخص کی بڑی وقعت ہوتی ہے اور سب لوگوں کی محبت و ہمدردی ایسے شخص کو حاصل ہوتی ہے، اللہ تعالیٰ اس کے مال میں بڑی برکتیں دیتا ہے زکوہ خدا کا خوف اور اطاعت ہے۔ رسول اللہؐ نے بھی زکوۃ کی تعریف فرمائی ہے اور مسلمانوں کے مال میں اس کی وجہ سے جو خیر و برکت ہوتی ہے اس کا ذکر کیا ہے جیسا کہ ایک حدیث میں ہے۔ رسول اللہؐ نے ارشاد فرمایا کہ اللہ تعالیٰ کا فرمان ہے کہ اے فرزند آدم تو میرے غریب و حاجت مند بندوں پر اور نیکی کے دوسرے کاموں میں میرا دیا ہوا مال خرچ کیے جاؤ میں تجھ کو برابر دیئے جاؤں گا یعنی زکوۃ جو شخص دیگا اس کے مال میں کمی نہیں ہوگی بلکہ اللہ تعالیٰ اس کے مال میں برکت دے گا۔

زکوۃ کا ثواب: اللہ تعالیٰ کا بہت بڑا احسان ہے یہ کہ اس نے زکوۃ کا بہت بڑا ثواب مقرر کیا ہے حالانکہ زکوۃ دینے والا بندہ جو کچھ دیتا ہے اللہ تعالیٰ ہی کے دئے ہوئے مال میں سے دیتا ہے اس لئے اگر اللہ پاک اس پر کوئی ثواب نہ دیتا تو بالکل حق تھا مگر اسکا کرم ہی کرم ہے اس کے دیئے ہوئے مال میں سے ہم جو کچھ اس کے حکم سے زکوۃ کے طور پر اس کی راہ میں خرچ کرتے ہیں تو اللہ تعالیٰ اس سے بہت خوش ہوتا ہے اور اس پر بڑے بڑے ثوابوں کا وعدہ فرمایا ہے۔ قرآن مجید میں ارشاد ہے۔ مفہوم: جو شخص اللہ کو قرض حسن دے اللہ اس کے لئے اس اجر کو کئی گنا زیادہ کر دیتا ہے۔ (سورہ بقرہ، پ۳) دوسری جگہ قرآن مجید میں ارشاد ہے۔ مفہوم: جو لوگ اللہ کی راہ میں اپنا مال خرچ کرتے ہیں ان کے خرچ کرنے کی مثال اس دانہ کی سی ہے جس سے پودا اگے اور اس سے سات بالیں نکلیں اور ہر بال میں سو دانے ہوں، اور اللہ بڑھاتا ہے جس کے واسطے چاہے، وہ بڑی

وسعت والا ہے سب کچھ جانتا ہے جو لوگ اپنا مال خدا کی راہ میں خرچ کرتے ہیں پھر نہ وہ احسان جتاتے ہیں اور نہ تکلیف دیتے ہیں انکے واسطے انکے رب کے پاس بڑا ثواب ہے اور انہیں قیامت میں کوئی خوف وخطرہ نہ ہوگا اور نہ وہ غمگین ہوں گے۔(سورہ بقرہ)

زکوۃ نہ دینے کا دردناک عذاب: زکوۃ نہ دینے والوں کا جو برا انجام ہونے والا ہے اور جو سخت سزا ان کو ملے والی ہے وہ اتنی سخت ہے کہ اس کو سن کر رونگٹے کھڑے ہو جاتے ہیں جیسا کہ قرآن مجید میں ارشاد ہے۔ مفہوم: جو لوگ سونا چاندی (مال و دولت) جوڑ کے رکھتے ہیں اور اس کو خدا کی راہ میں خرچ نہیں کرتے (یعنی ان پر جو زکوۃ وغیرہ فرض ہے اس کو ادا نہیں کرتے) اے رسول اللہ ؐ تم انہیں سخت دردناک عذاب کی خبر سنا دو جس دن کے تپایا جائے گا ان کی اس دولت کو دوزخ کی آگ میں پھر داغی جائیں گی اس سے ان کی پیشانیاں اور ان کی کروٹیں اور پیٹھیں اور کہا جائے گا کہ یہ ہے وہ مال و دولت ہے جس کو تم نے جوڑا تھا اپنے واسطے پس مزہ چکھو اپنی جوڑی ہوئی دولت کا (سورہ توبہ) حضرت ابوہریرہؓ رسول اللہ ؐ سے روایت کرتے ہیں کہ جس کو اللہ تعالیٰ نے مال دیا اور اس نے اس کی زکوۃ ادا نہیں کی اس کا مال قیامت کے دن ایک سانپکی شکل میں لایا جائے گا جس کی دو زبانیں ہوں گی اور اس کی گردن میں ڈال دیا جائے گا اس کو اپنے دونوں جبڑوں میں جکڑے گا اور کہے گا میں تیرا مال ہوں میں تیرا خزانہ ہوں پھر آ ؐ نے یہ آیت تلاوت فرمائی: ولایحسبن الذین یبخلون

خلاصہ: یہ ہے کہ جس کے پاس ساڑھے باون تولہ چاندی یا ساڑھے سات تولہ سونا یا اس کی قیمت کا روپیہ ہو اور وہ زکوۃ ادا کر رہا ہو تو اللہ تعالیٰ اس کو ثواب دے گا اور اگر نہیں ادا کرے گا تو عذاب دے گا۔ اللہ تعالیٰ ہمیں پوری پوری زکوۃ ادا کرنے کی توفیق عطا فرمائے۔ آمین۔

زکوۃ مال کو پاکیزہ بناتی ہے

-

زکوۃ اسلام کے بنیادی فرائض میں سے ہے اس کا ادا کرنا واجب ہے اور اس کا انکار موجب کفر ہے اسی وجہ سے حضور ﷺ کے وصال کے بعد بعض قبائل عرب نے نماز پڑھنے کا اقرار کیا اور زکوۃ کی ادائیگی سے انکار کیا تو حضرت ابو بکر صدیق رضی اللہ عنہ نے جہاد کا اعلان کیا۔ باوجود دیگر صحابہ کے تردد و تامل کے آپ نے واضح طور پر فرمایا جو شخص نماز و زکوۃ میں فرق کرے گا میں اس سے جہاد کروں گا۔

قرآن مجید میں بکثرت اس کی تاکید آئی ہے۔ بیشتر مقامات پر نماز اور زکوۃ کا ایک ساتھ ذکر فرمایا۔ کیونکہ نماز بدنی عبادت ہے اور زکوۃ مالی عبادت ہے۔ زکوۃ کو عبادت، فریضہ ہمدردی کا ذریعہ، قرب الٰہی کا وسیلہ، پاکی و طہارت کا سرچشمہ سمجھ کر ادا کرنا چاہیے۔

حضرت سیدنا علیؓ سے کسی نے سوال کیا کہ زکوۃ کس طرح ادا کی جائے۔ آپ نے فرمایا۔ تیری زکوۃ کا طریقہ یا میری زکوۃ کا؟ سائل نے کہا یہ فرق کیسا؟ آپ نے فرمایا۔ تیری زکوۃ یہ ہے کہ سو درہم پر ڈھائی درہم ادا کرے، میری زکوۃ یہ کہ سو درہم پر ۱۰۰ درہم ادا کروں۔ آپ کے ارشاد کا مطلب یہ ہے کہ اللہ تعالیٰ کی فرض کردہ زکوۃ سے تو کسی طرح مفر نہیں لیکن اضافہ خرچ سے تقرب میں ازدیاد ہوتا ہے۔ انفاق کی ضد بخل ہے۔ جس کی شریعت میں مذمت کی گئی ہے۔ قرآن مجید میں ہے

لن تنالوا البر حتی تنفقوا مما تحبون

(جب تک تم اپنی محبوب چیزوں کو (راہ خدا) میں خرچ نہ کرو گے بھلائی کو نہ پاسکو گے) قرآن مجید اور احادیث شریفہ میں بکثرت انفاق فی سبیل اللہ کا حکم دیا گیا۔ اس کے

فوائد بتلائے گئے اور اس کی اخروی خوشخبریاں سنائی گئیں۔

کسی شخص کے پاس ۶۰ گرام ۵۵۷ ملی گرام سونا یا ۴۲۵ گرام ۲۸۵ ملی گرام چاندی ہو یا اس کی بقدر قیمت کے برابر رقم موجود ہو، قرض سے محفوظ ہو اور اس پر سال گزر چکا ہو تو اس کی زکوۃ نکالنا ضروری ہے۔ پچیس ہزار روپے کی رقم سونے کے نصاب کو نہیں پہنچتی لیکن چاندی کے نصاب کو ضرور پہنچتی ہے، فقہاء کرام نے صراحت کی ہے کہ کسی شخص کے مال سے سونے چاندی میں ایک کا نصاب مکمل ہوتا ہے اور دوسرے کا نصاب مکمل نہیں ہوتا تو فقراء کے لئے جو صورت زیادہ فائدہ بخش ہے اسے اختیار کیا جائے گا، جس طور پر نصاب کامل ہوتا ہے اس کے اعتبار سے زکوۃ واجب ہوگی۔

عشر اس شخص پر واجب ہوگا جو پیداوار حاصل کر رہا ہے خواہ ملکیت کی بناء پر ہو یا عاریتاً واجارہ کی بناء پر ہو۔

خراج ۲ نوعیت کا ہوتا ہے ایک یہ کہ پیداوار پر ایک حصہ مقرر کیا جائے اس کو خراج مقاسمہ کہتے ہیں دوسرے نقد رقم مقرر کی جائے اس کو خراج موظف کہتے ہیں۔

***

تراویح- قرب الٰہی کا ذریعہ

مولانا سید قمر الدین شاہ قادری

اللہ تعالیٰ قرآن پاک میں ارشاد فرماتا ہے: اے ایمان والو تم پر روزے فرض کئے گئے ہیں جس طرح تم سے پہلے فرض کئے گئے تھے تاکہ تم تقویٰ والے بن جاؤ۔ برادران اسلامیہ یہ رمضان شریف کا مہینہ ہے، رحمتوں، برکتوں مغفرتوں اور عذاب جہنم سے چھٹکارا حاصل کرنے کا مہینہ ہے۔ دین کی تڑپ اور آخرت کی فکر رکھنے والے مسلمان مرد اور خواتین ملت اسلامیہ رمضان شریف کی آمد پر خوشیوں سے جھوم اٹھتے ہیں۔ اس مہینہ کا بڑے ہی اہتمام و انصرام کے ساتھ استقبال کرتے ہیں۔ حدیث پاک میں ہے "جو شخص ماہ رمضان کی آمد پر خوشی کا اظہار کرتا ہے اللہ تعالیٰ اس پر دوزخ کی آگ حرام فرما دیتا ہے۔" ایک اور حدیث میں ہے: "کہ جب رمضان شریف کی پہلی رات آتی ہے تو ایک فرشتہ آسمان سے ندا کرتا ہے کہ اے نیکی کا ارادہ کرنے والے نیکی کی طرف آگے بڑھ اور اے برائی کا ارادہ کرنے والے برائی سے رک جا۔"

رمضان شریف کی فضیلت کے سلسلہ میں ایک طویل حدیث، حضرت سلمان فارسیؓ سے مروی ہے، فرماتے ہیں: "کہ شعبان کی آخری تاریخ میں حضور اکرم ﷺ نے ہم لوگوں کو خطاب فرماتے ہوئے ارشاد فرمایا: تمہارے اوپر ایک عظیم مہینہ برکت

والا، سایہ فگن ہونے والا ہے، اس مہینہ میں ایک رات (شب قدر) جو ہزار مہینوں سے افضل ہے۔ اللہ تعالیٰ نے اس میں روزہ کو فرض فرمایا اور رات کو قیام یعنی (تراویح) کو ثواب بنایا ہے جو شخص اس مہینہ میں کسی نیکی کے ساتھ اللہ تعالیٰ کا قرب حاصل کرے گا ایسا ہے جیسا کہ غیر رمضان میں فرض ادا کیا اور جو شخص اس مہینہ میں فرض ادا کرے گا ایسا ہے جیسا کہ ستر فرض ادا کئے"۔ یہ مہینہ صبر کا ہے اور صبر کا بدلہ جنت ہے اور یہ مہینہ غمخواری کا مہینہ ہے۔

حضور ﷺ نے شعبان کی آخری تاریخ کو خاص طور پر رمضان کے مطابق خطاب فرمایا اور لوگوں کو متنبہ فرمایا: "رمضان کا مہینہ کتنی عظمت والا و برکت والا مہینہ ہے، تاکہ اس مہینہ کی قدر کی جائے اس کے شب و روز اللہ تعالیٰ کی رضا و خوشنودی کے لئے ہیں تاکہ لوگ اللہ تعالیٰ کی عبادت و بندگی اور نیک کاموں میں زیادہ سے زیادہ مشغول ہوں"۔ حضور نبی آخر الزماں کا یہ خطبہ رمضان المبارک کی عظمت اور برکت کو سمجھنے کے لئے کافی ہے۔ غور فرمایئے کہ آپ ﷺ نے اس مہینہ کے آنے کی خبر دیتے ہوئے فرمایا: "تم پر ایک عظیم مہینہ سایہ کرنے والا ہے۔" یعنی رمضان المبارک ایک ایسا سایہ دار درخت ہے کہ جو مسلمان بھی اس کے نیچے تھکا ماندہ آتا ہے اس کو یہ سکون بخشتا ہے، دنیا اور آخرت کے عذاب سے بچا لیتا ہے۔ حقیقت یہی ہے کہ روزہ رکھنے والا اگرچہ دن بھر کا پیاسا رہتا ہے، رات کو تراویح ادا کرتا ہے لیکن اس کو ان سب کے باوجود ایک خاص فرحت و سکون اور روحانی سرور حاصل ہوتا ہے جیسا کہ حضور ﷺ نے ارشاد فرمایا: "روزہ دار کو دو خوشیاں نصیب ہوتی ہیں ایک افطار کے وقت اور دوسری اپنے رب عز و جل سے ملنے کے وقت نصیب ہوگی۔ سرکارؐ نے یہ خوشخبری بھی سنائی کہ اس میں ایک رات ہے جو ہزار مہینوں سے بہتر ہے وہ ہے شب قدر جس میں بندہ عبادت کرتا ہے تو اس کے

نامہ اعمال میں ہزار مہینوں کی عبادت کا ثواب لکھا جاتا ہے۔ پھر فرمایا کہ اس مہینہ کی راتوں کو قیام کرلے یعنی (تراویح) پڑھنے کا ذکر فرمایا۔ رات کا قیام بھی اللہ تعالیٰ کے حکم میں شامل ہے۔ حضور اقدس ﷺ نے اپنی طرف منسوب فرماتے ہوئے تراویح کو سنت موکدہ قرار دیا پھر سرکارؐ نے فرمایا کہ خدائے تعالیٰ کا قرب حاصل کرنے کے لئے کوئی نیکی کرے گا یعنی نفل عبادت کرے گا تو اس کو فرض کے برابر اجر دیا جائے گا اور جو کوئی فرض ادا کرے گا تو اس کو ستر فرض کے برابر اجر ملے گا۔ مسلمانوں کو اس پر خاص توجہ دینے کی ضرورت ہے۔ بہت سے مسلمان ایسے ہیں جو نوافل تو کیا فرائض و واجبات میں بھی کوتاہی کر بیٹھتے ہیں۔ سحری میں خوب کھالیا اور دیکھا کہ اذان کے لئے وقت باقی ہے تھوڑی دیر بستر میں پڑا رہوں اچانک نیند کے آغوش میں چلے جاتے ہیں۔ ایسے میں نماز فجر ہی ترک ہو جاتی ہے یا جلد اٹھ کر مسجد پہنچتا ہے تو جماعت چھوٹ جاتی ہے۔ پھر ظہر کا وقت اپنے کام دھندہ میں لگا رہتا ہے جس کی وجہ سے کبھی کبھی ظہر کی جمات بھی چھوٹ جاتی ہے۔ ظہر و عصر سے پہلے قیلولہ کے لئے آرام کرنے لگا بس آنکھ لگ گئی عصر کی جماعت نکل گئی۔ افطاری کا انتظار کرتے ہوئے مغرب کی نماز بھی باجماعت پا نہیں سکتا۔ عشاء کی نماز سے زیادہ تراویح کو اہمیت دیتا ہوا عشاء کی جماعت چھوڑ بیٹھتا ہے۔ تراویح میں بھی کچھ رکعت پڑھ لیں اور چل پڑا۔ ان تمام کا خاص خیال رکھیں پابندی کے ساتھ نمازیں ادا کریں فرائض و واجبات سے غفلت نہ برتیں۔ سنتوں کا بھی اہتمام کریں۔ قرآن پاک کی تلاوت کریں۔ تسبیح و تہلیل، تکبیر و تحمید اور استغفار و درود شریف بھی کثرت سے کریں۔ فضول کاموں اور بیکار کی باتوں میں رمضان شریف کے قیمتی لمحات کو برباد نہ کریں۔ حضور سرکار کائنات ﷺ نے فرمایا: کہ یہ غمخواری کا مہینہ ہے اس میں غرباء و مساکین و بے سہارا اور پریشان حال لوگوں کی مدد کریں ان کے ساتھ اچھا سلوک

کریں۔ ان کی بھوک اور پیاس کا احساس کرتے ہوئے ان کے کھانے پینے اور اوڑھنے و علاج معالجہ کا انتظام و انصرام کریں۔ اللہ تعالی اپنے فضل و کرم سے اور اپنے محبوب ﷺ کے صدقے و طفیل ہمیں اور تمام مسلمانوں کو رمضان شریف کی قدر کرنے اور اس میں جن کاموں کے کرنے کا حکم دیا گیا ہے ان کو دلجمعی و خلوص کے ساتھ اور جن کاموں کو کرنے سے منع کیا گیا ہے ان سے بچ کر رہنے کی توفیق عطا فرمائے۔ آمین۔

٭٭٭

لیلۃ القدر - نزول رحمت کی رات

علامہ پیر محمد تبسم بشیر اویسی

رمضان المبارک ویسے تو سارا ہی برکات اور رحمت و مغفرت کا مہینہ ہے۔ جیسے جیسے یہ برکت و رحمت والے شب و روز گزرتے جاتے ہیں، رحمت الٰہی کی بارشیں فزوں سے فزوں تر ہونے لگتی ہیں۔ یہاں تک کہ تیسرا عشرہ مغفرتوں کی خوشخبریاں سناتا سایہ فگن ہو جاتا ہے۔ مسلمان مرد و زن بتوفیق الٰہی کے مزید انعام و اکرام کا مستحق بننے کے لئے دنیاوی آلائشوں سے لاتعلق ہو کر اعتکاف کرتے ہیں۔ اعتکاف پر شب و روز کے ذکر الٰہی اور فکر ایمانی سے اپنی روح پر صیقل کرتے اور ملکوتی صفات کو بیدار کرتے ہیں۔ بندہ مومن اخلاص و للّٰہیت کی مشقوں، پر خلوص عبادتوں اور ریاضتوں میں اپنی توانائیاں صرف کر رہا ہوتا ہے کہ عنایت الٰہی سے لیلۃ القدر جلوہ فرما ہوتی ہے۔ یہ ایسی رات ہے جو اپنی لطافت و پاکیزگی اور نورانیت و جلوہ فرمائی میں اپنی مثال آپ ہے۔ یہ وہی مبارک و معظم رات ہے جس کی برکتوں اور عظمتوں پر قرآن حکیم شاہد ہے۔

انا انزلناہ فی لیلۃ القدر۔

بے شک ہم نے اسے (قرآن) کو شب قدر میں اتارا۔

معلوم ہوا کہ یہ ماہ صرف اسی لحاظ سے ہی مبارک نہیں کہ اس میں انسان صبر و ضبط

کی عظیم نعمتوں سے نوازا جاتا ہے بلکہ اس خیر وبرکت والے مہینہ کا سب سے بڑا اشرف یہ ہے کہ اس ماہ میں دنیا کے لئے بہترین کامل ترین ہدایت نامہ اتارا گیا۔ اسی ماہ مبارک کی نورانی آغوش میں پوشیدہ لہلہاتی جگمگاتی نورانیت سے منور روحانیت سے معطر و بابرکت رات ہے جسے خود خالق کائنات نے لیلۃ القدر فرمایا یعنی شرف و برکت والی رات۔ اسی شب مبارک و معظم میں لاریب کلام الٰہی کے نزول کی ابتداء ہوئی اسب شب میں یہ کلام لوح محفوظ سے آسمان دنیا پر اتارا گیا جبکہ کل قرآن مجید کو رسول کریمؐ پر رفتہ رفتہ حسب مصلحت خداوندی تقریباً ۲۳ سال کے عرصہ میں نازل کیا گیا۔ سب سے پہلی وحی رسول اللہ ﷺ پر اسی ماہ مبارک یعنی رمضان المبارک کے آخری عشرہ کی کسی طاقت رات میں نازل ہوئی وہ بھی انہی طاق راتوں میں سے کوئی برکت والی رات ہے۔ یہ وہ رات ہے جس میں کلام ربانی کے نزول کی ابتداء ہوئی۔

وماادراک مالیلۃ القدر

اور تم نے کیا جانا کیا ہے شب قدر۔

یعنی یہ رات کیسی بزرگیوں اور شرافتوں اور فضیلتوں والی رات ہے اور اپنی جلو میں کیس کیسی عظمتوں کو لئے آئی ہے یہ کسے معلوم ہے؟ شب قدر ہزار مہینوں سے بہتر ہے۔ یعنی اجر عبادت اور ثواب طاعت کے اعتبار سے اس ایک رات کا عمل خیر اور کار طاعت و ثواب اور بندگی رب الارباب ایسے ہزار مہینوں کے عمل خیر وطاعت سے افضل و بہتر ہے جس میں شب قدر شمار نہ ہو۔

اللہ تعالیٰ کے ہاں انعام و بخشش کی مرحمتوں اور عطاؤں میں کیا کمی اس رب کریم کی ہزار در ہزار صد ہزار بے شمار نعمتیں ہیں جو ایک پل بلکہ ہر وقت اور ہر آن اترتی رہتی ہیں۔ سر سے پاؤں تک صحت وعافیت، بلاؤں اور محافظت، کھانے کا ہضم، خون کی روانی،

اعضاء میں طاقت، آنکھوں میں روشنی اور بے حساب نعمتیں اسی کے فضل و کرم سے بغیر مانگے، بے چاہے بندوں پر اتر رہی ہیں اور وہ بے عدد و حساب بخشش فرماتا ہے لیکن یہ اللہ تعالیٰ کا اپنے حبیب اکرم محبوب معظم ﷺ پر کرم بالائے کرم ہے کہ آپ کے مسلمان امتی شب قدر صرف ایک رات و طاعت و عبادت میں گزاریں اور ان کا ثواب پچھلی امت کے ہزار ماہ عبادت کرنے والے افراد سے کہیں زیادہ ہے۔ عبادتوں کا ثواب یوں ہی معمولاً کیا کم ہوتا ہے کہ جب یہ رات نزول قرآن کی سالگرہ والی رات آتی ہے تو اجر بھی بڑھ کر ہزار گنا ہو جاتا ہے۔ حساب سے ہزار مہینوں کے تقریباً ۸۳ سال ہوتے ہیں لیکن یہ بھی ہو سکتا ہے کہ مراد اس سے کوئی عدد معین نہ ہو بلکہ محاورہ عرب کے مطابق کہ وہ کسی بڑی تعداد کا تصور دلانے کے لئے ہزار کا لفظ بولتے تھے۔ محض تکثیر عدد مراد ہو تو اس صورت میں مطلب یہ ہوا کہ اس ایک رات میں عمل خیر کا ثواب اتنا کثیر در کثیر ہے کہ تم اس کا تصور بھی نہیں کر سکتے۔

تنزل الملٰئکۃ والروح فیھا

اس میں فرشتے اور جبریل اترتے ہیں۔

نبی کریم ﷺ کا ارشاد گرامی ہے کہ جب شب قدر آتی ہے تو جبرائیلؑ فرشتوں کے ایک جم غفیر کے ساتھ زمین پر آتے ہیں اور یہ گروہ ملائکہ پر اس بندہ مومن کو جو کھڑا ہے یا بیٹھا اور ذکر الٰہی میں مشغول ہوتا ہے سب کو سلام کرتے ہیں اور ان کے حق میں دعائے مغفرت اور التجائے رحمت کرتے ہیں۔ ملائکہ رحمت و مغفرت اور حضرت جبرئیل علیہ السلام کا یہ نزول از خود نہیں ہوتا بلکہ تمام تر امر الٰہی کی تعمیل میں ہوتا ہے۔ انہیں حکم دیا جاتا ہے کہ زمین کے اطراف و اکناف میں، اس کے مشارق و مغارب میں پھیل کر میرے محبوب کے امتیوں کی زیارت کرو انہیں سلامتی و عافیت کی

خوشخبریاں پہنچاؤ اور نوید رحمت سناؤ ان سے مصافحہ کرو ان کے حق میں دعائے عفوو عافیت اور التجائے بخشش و مغفرت کرو جو یاد الٰہی میں مصروف رحمت حق سے لو لگائے بیٹھا ہے۔ شب قدر میں نازل ہونے والی رحمتیں اور برکتیں اور یہ روح پرور اور ایمان افروز کیفیتیں رات کے کسی خاص حصے کے ساتھ مخصوص نہیں بلکہ رات بھر صبح کے طلوع ہونے تک برابر جاری و ساری رہتی ہیں۔ ساری رات رحمت باری پکار پکار کر اپنے بندوں کو بلاتی اور گوہر مقصود سے ان کے دامن بھرنا چاہتی ہے۔

سال بھر میں شب قدر ایک مرتبہ آتی ہے اور رایت کثیرہ سے ثابت ہے کہ وہ رمضان المبارک کے عشرہ اخیرہ میں ہوتی ہے اور طاق راتوں میں سے کسی طاق رات میں ہے۔ اکثر علمائے کرام کی رائے یہ ہے کہ رمضان المبارک کی ۲۷ویں رات لیلۃ القدر ہے۔ یہی امام اعظم ابو حنیفہؒ سے مروی ہے اور حضرت ابی بن کعب تو اس پر قسم بھی کھایا کرتے تھے۔ اس رات کے متعین نہ کرنے میں ایک حکمت یہ بھی ہے امت محمدیہ کے افراد زیادہ نہیں تو کم از کم پانچ طاق راتوں کو ذکر الٰہی میں تو گزاریں اور سر بندگی اس کی بارگاہ میں جھکائیں تاکہ پروردگار عالم کی بے پایاں نعمتوں سے بہرہ مند ہوں۔ بخاری و مسلم کی حدیث میں ہیکہ "جس نے اس رات میں ایمان و اخلاص کے ساتھ شب بیداری کرکے عبادت کی اللہ تعالیٰ اس کے سال بھر کے گناہ بخش دیتا ہے۔" اسی شب کے لئے ابن ماجہ میں مروی ہے کہ "جو شب قدر سے محروم رہا وہ ہر خیر سے محروم رہا اور اس خیر سے وہی محروم ہوگا جو پورا محروم ہے۔

شب قدر کی عظمت و برکت

مولانا سید صادق انواری اشرفی

اللہ تعالیٰ کی آخری اور جامع کتاب قرآن مجید کی نسبت کی وجہ سے شب قدر دیگر راتوں سے زیادہ باعظمت و بابرکت ہے جس رات کو قرآن پاک نے لیلۃ القدر سے موسوم کیا ہے جس کے معنی حضرت امام زہریؒ (متوفی۔۱۲۴ھ) کے پاس مرتبہ کے ہیں چونکہ یہ رات باقی راتوں کے مقابلے میں شرف و مرتبہ کے لحاظ سے بلند ہے اس لئے اسے لیلۃ القدر کہا جاتا ہے۔ حضرت عبد اللہ ابن عباسؓ سے مروی ہے چونکہ اس رات میں اللہ تعالیٰ کی طرف سے ایک سال کی تقدیر کے فیصلے کے قلمدان فرشتوں کو سونپا جاتا ہے اس وجہ سے یہ رات لیلۃ القدر کہلاتی ہے اس رات کو قدر کے نام سے تعبیر کرنے کی وجہ یہ بھی بیان کی جاتی ہے کہ اس رات میں اللہ تعالیٰ نے اپنی قابل قدر کتاب اپنے محبوب ﷺ کی قابل قدر امت کے لئے صاحب قدر رسول ﷺ کی معرفت نازل فرمائی۔ یہی وجہ ہے کہ سورہ قدر میں لفظ قدر تین مرتبہ آیا ہے۔ قدر کے معنی تنگی کے بھی آتے ہیں اس معنی کے لحاظ سے اسے قدر والی رات کہنے کی وجہ یہ ہے کہ اس رات آسمان سے فرش زمین پر اتنی کثرت کے ساتھ فرشتوں کا نزول ہوتا ہے کہ زمین تنگ ہو جاتی ہے امام ابو بکر وراقؒ قدر کی وجہ بیان کرتے ہوئے کہتے ہیں کہ یہ رات عبادت کرنے والے کو صاحب قدر بنا دیتی ہے، اگرچہ وہ پہلے اس لائق نہ تھا۔

حضرت ابو ہریرۃؓ سے مروی ہے کہ کہ رسول اللہ ﷺ نے ارشاد فرمایا کہ جس شخص نے شب قدر میں اجر و ثواب کی امید سے عبادت کی اس کے سابقہ گناہ معاف

کر دیئے جاتے ہیں۔ بخاری و مسلم۔

حضرت انسؓ سے روایت ہے کہ رسول خدا ﷺ نے لیلۃ القدر کی فضیلت بیان کرتے ہوئے فرمایا شب قدر میں جبرئیل امینؑ فرشتوں کے جھرمٹ میں زمین پر اتر آتے ہیں اور ہر شخص کے لئے دعائے مغفرت کرتے ہیں جو کھڑے بیٹھے کسی بھی حال میں اللہ تعالیٰ کو یاد کرتا ہے اس بات کو سورۃ القدر میں ان الفاظ کے ساتھ بیان کیا گیا ہے کہ فرشتے اور جبرئیل امین اسی رات میں اپنے رب کے حکم سے اترتے ہیں۔

رمضان المبارک کی آمد پر ایک مرتبہ رسول پاک ﷺ نے فرمایا یہ جو ماہ تم پر آیا ہے اس میں ایک ایسی رات ہے جو ہزار مہینوں سے افضل ہے جو شخص اس رات سے محروم رہ گیا گویا وہ سارے خیر سے محروم رہا اور اس رات کی بھلائی سے وہی شخص محروم رہ سکتا ہے جو واقعتاً محروم ہو۔

اتنی اہم اور بابرکت رات کے مخفی و پوشیدہ ہونے کی متعدد حکمتیں ہیں جس طرح اسم اعظم اور جمعہ کے روز قبولیتِ دعا کی گھڑی مخفی و پوشیدہ ہے اسی طرح شب قدر کو بھی پوشیدہ رکھا گیا ہے اگر اس کو پوشیدہ نہ رکھا جاتا تو عمل کی راہ مسدود ہو جاتی ہے اور اسی رات کے عمل پر اکتفا کر لیا جاتا۔ اور ذوق عبادت میں دوام کی خاطر اس کو آشکارا نہیں کیا گیا اللہ تعالیٰ کو چونکہ اپنے بندوں کا رات کے اوقات میں جاگنا اور بیدار رہنا محبوب و پسندیدہ ہے، اس لئے رات کا تعین نہ فرمایا تاکہ اس کی تلاش میں متعدد راتیں عبادت میں گزاریں۔ عدم تعین کی وجہ گناہگاروں پر شفقت بھی ہے کیونکہ اگر علم کے باوجود اس رات میں گناہ سرزد ہوتا تو اس سے لیلۃ القدر کی عظمت مجروح کرنے کا جرم بھی لکھا جاتا۔

اس متبرک رات یعنی شب قدر کے تعین کے بارے میں تقریباً پچاس اقوال ہیں ان میں سے کچھ اقوال نہایت ہی قابل توجہ ہیں، شب قدر رمضان المبارک کے آخری

عشرے کی طاق راتوں میں سے ایک رات ہے بخاری شریف جلد اول میں حضرت عائشہ صدیقہؓ سے مروی ہے کہ رسالت مآب ﷺ نے فرمایا شب قدر کو رمضان کے آخری عشرہ کی طاق راتوں میں تلاش کرو۔

ابو داؤد شریف میں حضرت عبد اللہ بن انیسؓ سے مروی ہے کہ میں نے رسول اللہ ﷺ کی خدمت اقدس میں عرض کیا یارسول اللہ ﷺ میں ایک ایسا شخص ہوں جو ویرانے میں رہتا ہوں، وہاں اللہ تعالیٰ کی توفیق سے نماز ادا کرتا ہوں آپ مجھے حکم فرمائیں کہ میں کون سی رات آپ کے ہاں مسجد نبوی میں بسر کرنے کے لئے آؤں؟ تو آپ ﷺ نے فرمایا رمضان کی تئیسویں رات آجاؤ، یہ صحابی ہمیشہ تئیسویں رات کو مسجد میں آکر جاگا کرتے۔ لوگوں نے آپ کے صاحبزادے سے پوچھا کہ بتاؤ آپکے والد اس رات کیا کرتے تھے تو انہوں نے کہا کہ وہ عصر کے بعد سے صبح تک مسجد سے بغیر کسی حاجت کے باہر نہ آتے اور صبح اپنی سواری پر سوار ہوکر مسجد کے دروازے سے اپنے دیہات کی طرف روانہ ہو جاتے۔ تعین شب قدر کے بارے میں حضور اکرم ﷺ کا آگاہ فرمانا صرف دور صحابہ کے ساتھ خاص نہیں بلکہ اپنے محبوب غلاموں پر اس شفقت کا سلسلہ تا قیامت جاری ہے۔

محدث دکن حضرت سید عبد اللہ شاہ نقشبندیؒ نے اپنی تصنیف گلزار اولیاء میں تلاش شب قدر کے لئے حضرت شیخ ابو الحسن خرقانیؒ (متوفی ۴۲۵ھ) کا ایک مکاشفہ تحریر فرمایا کہ اگر ماہ رمضان کی پہلی تاریخ شنبہ کے دن ہو تو شب قدر تئیسویں رات اور پہلی تاریخ پنجشنبہ ہو تو شب قدر پچیسویں رات اور پہلی تاریخ دوشنبہ اور جمعہ کو ہو تو ستائیسویں رات شب قدر اور اگر پہلی تاریخ یکشنبہ یا چہارشنبہ ہو تو انتیسویں رات شب قدر ہے۔

سرتاج مفسر قرآن حضرت سیدنا عبد اللہ ابن عباسؓ ستائیسویں شب کو شب قدر

قرار دیتے ہوئے تین دلیلیں بیان فرماتے ہیں (۱) لیلۃ القدر کے الفاظ نو حروف پر مشتمل ہیں اور یہ الفاظ اس سورہ مبارکہ میں تین مرتبہ آئے ہیں جن کا مجموعہ ستائیس بن جاتا ہے امام فخر الدین رازیؒ آپ کی دلیل ان الفاظ میں بیان کی ہے کہ لیلۃ القدر کے نو حروف ہیں اور اس کا تذکرہ تین دفعہ ہوا ہے اور مجموعہ ستائیس ہو گا۔ سورہ القدر کے کل تیس الفاظ ہیں جن کے ذریعہ شب قدر کے بارے میں بیان کیا گیا ہے لیکن اس سورہ میں جس لفظ کے ساتھ اس رات کی طرف اشارہ کیا گیا ہے وہ لفظ "ھِیَ" ہے جو شب قدر کی طرف اشارہ ہے اور یہ سورہ کا ستائیسواں لفظ ہے اور اس دلیل کو امام ابو بکر الوراق نے بھی اپنے الفاظ میں بیان فرمایا ہے۔

***

ماہِ مقدس کی رحمتوں و سعادتوں سے متعلق مضامین

رمضان کی رحمتیں

مرتبہ : مکرم نیاز

بین الاقوامی ایڈیشن جلد منظر عام پر آرہا ہے